A Inversão do Ônus da Prova
NO DIREITO PROCESSUAL DO TRABALHO

0372

P376i   Pego, Rafael Foresti

A inversão do ônus da prova: no direito processual do trabalho / Rafael Foresti Pego. – Porto Alegre: Livraria do Advogado Editora, 2009.

103 p.; 21 cm.

ISBN 978-85-7348-605-6

1. Prova: Processo trabalhista. 2. Ônus da prova: Processo trabalhista. I. Título.

CDU – 331:347.949

Índices para catálogo sistemático:

Prova : Processo trabalhista   331:347.94
Ônus da prova : Processo trabalhista   331:347.949

(Bibliotecária responsável: Marta Roberto, CRB-10/652)

Rafael Foresti Pego

A Inversão do Ônus da Prova
NO DIREITO PROCESSUAL DO TRABALHO

Porto Alegre, 2009

© Rafael Foresti Pego, 2009

Capa, projeto gráfico e diagramação
Livraria do Advogado Editora

Revisão
Rosane Marques Borba

Direitos desta edição reservados por
Livraria do Advogado Editora Ltda.
Rua Riachuelo, 1338
90010-273 Porto Alegre RS
Fone/fax: 0800-51-7522
editora@livrariadoadvogado.com.br
www.doadvogado.com.br

Impresso no Brasil / Printed in Brazil

A minha mãe, pelo amor e pela dedicação, em homenagem à sua luta e força de vontade demonstrada, uma pessoa que justifica o termo "superação".

Agradecimentos

Aos familiares, pelos valores, carinho, compreensão e incentivo na elaboração deste trabalho.

Ao Prof. Dr. Gilberto Stürmer, pela amizade, orientação e contínuo aprendizado.

Aos meus amigos, pela prazerosa convivência e eterna colaboração.

"Verdades sustentadas irracionalmente podem ser mais prejudiciais do que erros defendidos com sensatez."

Thomas Henry Huxley

Prefácio

Tenho acompanhado a trajetória acadêmica do Professor Rafael Foresti Pêgo desde a graduação, quando tive a honra de ser o orientador do seu Trabalho de Conclusão de Curso. O rigor científico e a qualidade do texto do Professor Rafael já me impressionaram naquela época. Não foi por outra razão que à época o então acadêmico Rafael Foresti Pêgo foi o único discente a ser convidado a participar de uma coletêna de artigos denominada "Questões controvertidas de Direito do Trabalho e outros estudos", publicada por esta mesma Livraria do Advogado Editora.

A Faculdade de Direito da PUCRS tem determinado o surgimento de excelentes monografias, dissertações e teses. Algumas delas transpõem os limites acadêmicos, chegando ao público, graças aos méritos dos seus autores e de algumas editoras, como a Livraria do Advogado Editora.

Uma dessas obras é a que ora tenho a honra de apresentar: "A inversão do ônus da prova no Direito Processual do Trabalho", oriunda de aprofundada e talentosa pesquisa do Professor Rafael Foresti Pêgo.

Rafael é Especialista em Direito do Trabalho e Mestrando em Direito pela PUCRS. Advogado trabalhista, refina o seu dia-a-dia forense com a qualidade textual de um verdadeiro estudioso. Tem brindado seus alunos nos mais diversos cursos em que ministra as disciplinas de Direito do Trabalho e Direito Processual do Trabalho com aulas meticulosas, objetivas e que os atraem para o estudo do Direito do Trabalho.

O autor trabalhou com o Direito Processual do Trabalho, mesclando teoria e prática. Apresentou um texto primoroso que certamente será fonte de consulta de tantos estudantes e profissionais que militam no processo trabalhista.

O tema "ônus da prova" é, como se diz nos Tribunais, "tormentoso". A prova é fundamento básico da imensa maioria dos processos trabalhistas, onde se discutem parcelas de natureza alimentar. A CLT regula a matéria no seu artigo 818, determinando a igualdade processual que deve ser respeitada e não deve ser confundida com a proteção material ao empregado hipossuficiente. Rafael trabalhou com qualidade tais questões.

O texto, objeto de meditação na procura de soluções que fossem ao mesmo tempo legais, justas e convenientes, apresentou uma visão sistemática do direito processual do trabalho, discutindo e ensejando reflexão no que diz respeito à inversão do ônus da prova no processo do trabalho.

Seu resultado é claro. Como já referido, ganham alunos, professores, advogados, juízes e demais interessados no Direito do Trabalho, pois terão na obra uma excelente fonte de consulta a fundamentar os seus arrazoados.

Sinto-me feliz por partilhar da amizade do autor e da honra de apresentá-lo ao público.

Gilberto Stürmer
Professor de Direito do Trabalho da PUCRS
Graduação e Pós-Graduação
Advogado

Sumário

Introdução 15

1. Considerações sobre a prova 19
  1.1. Aspectos históricos 19
  1.2. Conceito de prova 21
  1.3. Objeto de prova 26
  1.4. Sistema de valoração da prova 38
  1.5. Natureza jurídica das normas sobre prova 40
  1.6. O princípio da proteção no processo do trabalho 44

2. O ônus da prova 49
  2.1. O ônus da prova no processo civil 49
  2.2. O ônus da prova no processo do trabalho 61

3. A inversão do ônus da prova 71
  3.1. A inversão do ônus da prova no processo civil 71
  3.2. A inversão do ônus da prova no processo do trabalho 81

4. Momento da fixação do ônus da prova no processo do trabalho . . 89

Conclusões 95

Obras consultadas 101

Introdução

O presente trabalho tem como proposta aprofundar o debate sobre o tema da inversão do ônus da prova, o qual carece de uma análise doutrinária específica no Direito Processual do Trabalho. Entretanto, constitui uma tarefa árdua, pois tal matéria se relaciona com os mais diversos temas sobre provas, muitos deles geradores de infindáveis controvérsias.

A prova constitui a essência do processo ou, como dizem, é o coração do processo, restando claro a grande relevância desta matéria, que representa um dos pilares do direito processual contemporâneo. Porém, é um tema amplo, vasto e complexo, que dificilmente pode ser exaurido em uma dimensão jurídica, além da natural tendência ao subjetivismo.

Tal complexidade se estende para a questão do ônus da prova, com incessantes análises doutrinárias que almejam dar contornos à matéria e solucionar os problemas no campo da aplicação prática. É um assunto que constitui elemento primordial no que concerne aos deveres das partes, determinado quem, quando e como se deve fazer a prova, bem como de quais fatos. Já indagava Bentham: "Entre las dos partes contrarias, ¿a cuál se debe imponer la obligación de proporcionar la prueba? Esta cuestión presente infinitas dificultades en el sistma procesal técnico".[1]

Assim, este estudo formula breves considerações sobre a prova, desde seus aspectos históricos até o enfrentamento de questões atuais da Teoria Geral das Provas, vale dizer, seu conceito, objeto, natureza jurídica, sistemas de valoração, dentre outros. Considerando a natureza processual destas normas, ao menos no tocante ao *onus probandi*, adentra-se na questão da aplicação do Princípio da Proteção no processo do trabalho.

Fixadas as inarredáveis premissas acima referidas, resta viabilizada a análise do instituto do ônus da prova, inicialmente no Direito Processual Civil. Para tanto, enumera-se conceitos e elementos que compõem a distribuição do encargo probatório, situando-os no ordenamento jurídico-processual pátrio. Ainda, complementa-se o estudo através do debate de questões como: a distinção da regra do ônus da prova enquanto regra de conduta ou de julgamento; ônus objetivo e subjetivo; relação com o princípio do dispositivo e a iniciativa oficial; o ônus da prova nas ações declaratórias negativas e outras questões correlatas.

Superada esta análise, torna-se possível o estudo do ônus da prova no processo do trabalho, sendo imprescindível dissecar os elementos inseridos na Consolidação das Leis do Trabalho (CLT), confrontando com o critério adotado pelo sistema processual civil. Ao final, objetivam-se resolver as dúvidas sobre qual o critério aplicável no processo do trabalho, bem como sua adequação às especificidades deste ramo, o qual lida com direitos indisponíveis, de ordem pública dentre outros aspectos.

Ao cabo, passa-se ao exame atento e específico da inversão do ônus da prova. Novamente torna-se necessária uma abordagem do instituto no âmbito processual civil

---

[1] BENTHAM, Jeremías. *Tratado de las pruebas judiciales.* Trad. Manuel Ossorio Florit. Buenos Aires: EJEA, 1971, p. 149.

para, posteriormente, tratar das especificidades do processo do trabalho. Somente assim será possível definir o que vem a ser a chamada inversão do ônus da prova, sopesando a legislação processual aplicável no ordenamento jurídico brasileiro e confrontando com a prática forense trabalhista. Ainda, realizam-se considerações sobre o momento oportuno para a fixação do encargo probatório. Afinal, é possível a inversão do ônus da prova no Direito Processual do Trabalho? A resposta desta questão é que se passará, a partir de agora, a resolver.

1. Considerações sobre a prova

1.1. Aspectos históricos

Desde os tempos mais remotos, presencia-se o julgamento do homem pelos próprios homens, sendo difícil, senão impossível, julgar alguém sem provar. No sentido etimológico, o termo *prova* decorre do latim *probus*, que significa bom, verdadeiro, correto, bem como tal expressão se vincula à idéia de aprovar, de uma escolha pessoal de aceitar ou rejeitar os argumentos de alguém. A própria expressão *probare*, do latim, tem significações no mesmo sentido, qual seja, de exame, verificação, demonstração e reconhecimento por experiência.

As Ordenações Filipinas já previam expressamente que "[...] a prova é o farol que deve guiar o juiz nas suas decisões [...]".[2] Entretanto, os critérios que guiavam o julgador foram os mais variados. No início, direito e religião se fundiam, no qual Deus se envolvia com as coisas terrenas, e a função do julgador estava limitada à revelação divina. Assim se sucedeu entre os povos primitivos, época em que não havia prova literal, e a solução era apurada

---

[2] ARAÚJO CINTRA, Antônio Carlos de; GRINOVER, Ada Pellegrini; DINAMARCO, Cândido Rangel. *Teoria Geral do Processo*. 22.ed., rev. e atual. São Paulo: Malheiros, 2006, p. 371.

mediante disputas, as quais eram regidas por um ritual em que prevalecia a força e a coragem como emanação do poder divino.

Neste contexto, não se pode deixar de referenciar as Ordálias, ou Juízo de Deus, costume antigo principalmente encontrado entre os germânicos. Uma das Ordálias mais famosas era o Duelo. Nele, o juiz intimava os presentes por três vezes a se retirarem ou a manterem-se em silêncio, não prestando nenhum auxílio às partes, até mesmo em caso de morte. Os plebeus se enfrentavam com escudos e bastões; já os nobres utilizavam as armas que lhes eram próprias. A França foi o primeiro país a proibir o Duelo, em 1306, exemplo este que foi seguido pelas outras nações. As Ordálias se completavam com o juramento, instituto que ainda persiste em muitos países, bem como no Brasil se percebem alguns resquícios, como o compromisso.

No Direito Romano não haviam Ordálias, uma vez que estas deram lugar ao chamado sistema legal ou positivo. A marca desse sistema era o valor rígido da prova e a limitação do juiz à função de somar estes valores. Na Roma Antiga, a prova testemunhal era absoluta, sendo que a prova escrita veio a surgir no período formulário, embora a primeira tenha desempenhado papel predominante no sistema probatório romano. A prova legal romana foi conhecida antes mesmo da invasão dos Bárbaros, ao passo que, quando desta invasão, houve um retorno às Ordálias, porém com novas regras. Entre os Bárbaros, o direito era o costume rudimentar, sendo raro o uso da prova testemunhal, bem como era ignorada a prova literal.

Posteriormente, o regime legal foi substituído pela liberdade absoluta, ligada à noção do íntimo convencimento, sistema este que será posterior e individualmente analisado. Momento fundamental no sistema da *civil law* foi a Revolução Francesa, na qual se verificou o total declínio da prova legal, bem como a valorização da oralidade, publicidade e da livre apreciação das provas. Fruto destes novos valores, restou consolidado o sistema da persuasão racional, atualmente consagrado no sistema probatório brasileiro.

Por último, se faz referência aos atuais ensinamentos de Cândido Rangel Dinamarco. Diz o renomado jurista que o modelo clássico do processo civil dispositivo, pautado em valores como a iniciativa das partes e o comportamento estático do juiz, não mais vigoram absolutamente e tendem a ser superados. O processo civil moderno é informado pela natureza de instituto de Direito Público, havendo situações que justificada é a iniciativa do juiz quanto à prova.[3] Esse tema será novamente debatido no decorrer deste trabalho.

1.2. Conceito de prova

Direito Probatório é o conjunto de regras e princípios que regem a prova, dividindo-se em Teoria Geral da Prova e Provas em Espécie, sendo que no primeiro é que se situa a questão do conceito de prova. Não é à toa que muitos doutrinadores afirmam, com razão, que a prova é o coração do processo, pois permite ao juiz compreender o fato e, por conseqüência, aplicar o direito. Assim, formular um conceito sobre prova constitui uma das mais árduas tarefas doutrinárias, considerando os inúmeros enfoques que podem ser atribuídos e a infinidade de elementos que envolvem a expressão em voga. Por esta razão, diz-se que o termo *prova* é plurissignificante, haja vista possuir os mais variados significados, seja no âmbito jurídico ou fora dele.

A prova não está circunscrita ao universo do direito, mas tem importância nas ciências em geral. Por exemplo, nas ciências experimentais, a prova está vinculada à noção de verificação, ensaio, confirmação. Além do mais, é pos-

---

[3] DINAMARCO, Cândido Rangel. *Instituições de Direito Processual Civil.* *v.3.* 5.ed., rev. e atual. São Paulo: Malheiros, 2005, p. 52.

sível afirmar que a prova alcança a própria vida prática cotidiana, no sentido de que positiva a veracidade de uma proposição ou a realidade de um fato.

Com muita propriedade, Francesco Carnelutti sustentou, em sua obra, que: "Na linguagem comum, *prova* se utiliza como *comprovação da verdade de uma proposição;* somente se fala de prova a propósito de alguma coisa que foi afirmada e cuja exatidão se trata de comprovar [...]"[4] [grifo do autor]. Ainda em sentido *lato*, Manoel Antônio Teixeira Filho diz que o vocábulo *prova* "[...] significa tudo o que demonstra a veracidade de uma proposição ou a realidade de um fato, sem nos esquecermos, ainda, dos sentidos de indícios, sinal, ensaio, experiência [...]".[5] No âmbito do direito, não há uma definição legal desse instituto, existindo tantos conceitos quantos são os autores. Por fidelidade científica, opta-se por retratar literalmente alguns destes conceitos, ressaltando por ora que uma definição não exclui as outras. Em regra, a noção de prova pode ser vista sob três acepções: como atividade, de demonstrar os fatos em juízo; como meio, na investigação da veracidade ou não das alegações; e como resultado, em que se considera feita a prova quando demonstrada a veracidade dos fatos suscitados.

Afirma Carnelutti que: "Provar, de fato, não quer dizer demonstrar já a verdade dos fatos discutidos, e sim *determinar ou fixar formalmente os mesmos fatos mediante procedimentos determinados*".[6] [grifo do autor]. Neste contexto, oportuno referendar o conceito proposto por Luiz Guilherme Marinoni, no sentido de que: "[...] prova é todo meio retórico, regulado pela lei, dirigido a, dentro dos parâmetros fixados pelo direito e de critérios racionais, convencer

---

[4] CARNELUTTI, Francesco. *A prova civil*. 4.ed. Campinas: Bookseller, 2005, p. 67.

[5] TEIXEIRA FILHO, Manoel Antônio. *A prova no processo do trabalho*. 8.ed., rev. e ampl. São Paulo: LTr, 2003, p. 33.

[6] CARNELUTTI, op. cit., p. 72.

o Estado-juiz da validade das proposições, objeto de impugnação, feitas no processo".[7]

Alexandre de Freitas Câmara traz a seguinte definição sobre prova:

> Denomina-se prova a todo elemento que contribui para a formação da convicção do juiz a respeito da existência de determinado fato. Quer isto significar que tudo aquilo que for levado aos autos com o fim de convencer o juiz de que determinado fato ocorreu será chamado de prova.[8]

Cabe destaque, pela eficiente objetividade, a seguinte conceituação: "A prova constitui, pois, o instrumento por meio do qual se forma a convicção do juiz a respeito da ocorrência ou inocorrência dos fatos controvertidos no processo".[9] Igualmente com brilhante capacidade de síntese é o conceito de prova proposto na obra coordenada por Luiz Rodrigues Wambier: "Assim, conceitua-se prova como o instrumento processual adequado a levar ao conhecimento do juiz os fatos que envolvem a relação jurídica objeto da atuação jurisdicional".[10]

Por outro lado, Arruda Alvim traz um extenso conceito jurídico de prova, englobando uma gama de elementos afeitos ao instituto:

> [...] consiste(m) naqueles meios, definidos pelo Direito ou contidos por compreensão num sistema jurídico (v. arts. 332 e 366), como idôneos a convencer (prova como "resultado") o juiz da ocorrência de determinados fatos, isto é, da verdade de determinados fatos, os quais vieram

---

[7] MARINONI, Luiz Guilherme. *Manual do processo de conhecimento.* 5.ed., rev., atual. e ampl. São Paulo: Revista dos Tribunais, 2006, p. 207.

[8] CÂMARA, Alexandre Freitas. *Lições de direito processual civil.* V. I. 12.ed., rev. e atual. Rio de Janeiro: Lumen Juris, 2005, p. 397.

[9] ARAÚJO CINTRA; GRINOVER; DINAMARCO. op. cit., p. 371.

[10] WAMBIER, Luiz Rodrigues (coordenação); ALMEIDA, Flávio R. Correia de.; TALAMINI, Eduardo. *Curso avançado de processo civil.* 3. ed. rev., atual. e ampl., 3. tir. São Paulo: Revista dos Tribunais, 2001, p. 473.

ao processo em decorrência de atividade, principalmente dos litigantes (prova como "atividade").[11]

Oportuna a crítica exposta por Teixeira Filho no sentido de que, em razão das dificuldades de se formular um conceito sobre prova, muitos autores acabam extravasando limites, não refletindo a essência do instituto da prova judiciária, que seria a demonstração, segundo as normas legais específicas, da verdade dos fatos relevantes e controvertidos.[12] Por fim, faz-se menção ao conceito de prova na ótica de Cândido Rangel Dinamarco, em que "[...] prova é um conjunto de atividades de verificação e demonstração, mediante as quais se procura chegar à verdade quanto aos fatos relevantes para julgamento".[13]

Não se almeja e nem constitui objeto deste estudo a formulação de um conceito específico sobre prova, sendo que, como dito, devem ser sopesados os diversos conceitos acima referidos, bem como somados os seus elementos basilares. Contudo, entende-se que a prova não deve ser vista apenas como mero resultado, mas também como atividade.

É interessante o enfoque adotado por José Augusto Rodrigues Pinto, que ao tratar da prova no processo, opta pela conceituação do que vem a ser a dilação probatória, como:

> [...] o momento em que o processo oferece ao juízo e às partes a oportunidade de estabelecer a *cognição* dos fatos que sustentam as pretensões, no intuito de converter em certeza de verdade a suposição que, inicialmente, transmitem.[14] [grifo do autor]

---

[11] ALVIM, Arruda. *Manual de direito processual civil, volume 2: processo de conhecimento.* 10.ed., rev., atual. e ampl. São Paulo: Revista dos Tribunais, 2006, p. 407.

[12] TEIXEIRA FILHO, op. cit., p. 36.

[13] DINAMARCO, op. cit., p. 43.

[14] PINTO, José Augusto Rodrigues. *Processo trabalhista de conhecimento.* 7.ed. São Paulo: LTr, 2005, p. 456.

Portanto, muitos dos conceitos de prova consagrados na doutrina trazem como elemento de grande relevância a verdade, ou melhor, a intenção de se alcançar a verdade. Dessa forma, torna-se importante fixar, sinteticamente, as distinções entre verdades material e formal, estabelecendo o alcance que tal expressão possui no Direito Processual contemporâneo.

Esclarece Ovídio A. Baptista da Silva que, no direito moderno, o conceito de verdade no campo probatório está ligado à demonstração de verossimilhança da existência de determinada realidade. Ou seja, acentua-se o critério formal, com base na aparência, já que a determinação da verdade absoluta no processo é considerada uma ilusão.[15] Se o processo está submetido a normas que obrigam ou deformam a pureza lógica, ou seja, a verdade real, este processo não pode ser considerado como meio para o conhecimento da verdade dos fatos, mas sim para a fixação dos mesmos, que podem ou não coincidir com a verdade, conforme argumentação sustentada por Carnelutti.[16]

Nesta mesma linha, é a lição de Arruda Alvim:

> O que se pretende significar é que, conquanto o escopo do juiz haja de ser a descoberta da verdade, este fim não é absoluto, no sentido,. v.g., de que, se um processo tiver tido sua prova mal avaliada, deixa a decisão nele proferida de subsistir, pois a má apreciação da prova não enseja cabimento ou não é fundamento para ação rescisória.[17] [grifo do autor]

Por certo que a distinção entre verdade material e formal adquire maior relevância para fins doutrinários, muitas vezes desposado de qualquer efeito prático. Isto porque, pela lei, a única verdade que vincula e limita o jul-

---

[15] SILVA, Ovídio A. Baptista da. *Curso de processo civil, volume 1*: processo de conhecimento. 7.ed. rev. e atual. Rio de Janeiro: Forense, 2005, p. 47 e ss.

[16] CARNELUTTI, op. cit., p. 48.

[17] ALVIM, op. cit., p. 405.

gador é a do processo, vale dizer, a verdade formal. Mas, com todo acatamento aos entendimentos em sentido contrário, este motivo não é suficiente para se negar que o processo busque a verdade material. Caso contrário, o sistema processual brasileiro estaria valorizando falsas verdades, situação inaceitável e rechaçada pelos princípios basilares de direito processual.

Por tais considerações, compactua-se das conclusões feitas por Teixeira Filho:

> Desta maneira, e em que pese ao fato de o processo visar, fundamentalmente, à verdade *real*, é, em concreto, a *formal* que vincula a formação do julgador, na medida em que a lei o compele a respeitá-la. Podemos afirmar, por isso, que o processo somente atinge, com plenitude, a sua verdadeira razão teleológica quando a verdade *formal coincide* com a *real*.[18] [grifo do autor]

Por último, tem-se como de importância didática mencionar a classificação das provas, adotada, neste estudo, com base na doutrina de Alexandre Freitas Câmara. O renomado jurista classifica as provas quanto: ao fato, diretas ou indiretas; aos sujeitos, pessoais ou reais; ao objeto, testemunhais, documentais e materiais; à preparação, casual ou pré-constituída.[19]

1.3. Objeto de prova

Objeto de prova "[...] é o conjunto das alegações controvertidas das partes em relação aos fatos relevantes para o julgamento da causa, não sendo estes notórios ou presumidos".[20] Assim, apenas constituem objeto de prova os fatos, ressalvado os termos dos arts. 334 e 337 do Código de

---

[18] TEIXEIRA FILHO, op. cit., p. 40.
[19] CÂMARA, op. cit., p. 399-400.
[20] DINAMARCO, op. cit., p. 58.

Processo Civil (CPC).[21] do Código de Processo Civil (CPC). Nos dizeres de Wagner Giglio, "[...] Provam-se os fatos relevantes, pertinentes e controvertidos".[22]

A expressão *fatos* vem do latim *factum*, de *facere*, que significa fazer, causar. Nos termos do art. 332 do CPC,[23] o objeto de prova são os fatos narrados pelo autor, réu ou terceiros. Tais fatos se referem aos acontecimentos jurídicos, que são fatos jurídicos naturais, ou a atos jurídicos ou ilícitos, fatos jurídicos voluntários. Cabe aos litigantes demonstrar a veracidade dos fatos alegados, para que o juiz proceda na categorização jurídica dos mesmos, ainda que com fundamento diverso do alegado pela parte. Já o caminho inverso não é admitido, vale dizer, o juiz não pode admitir a existência de fatos que não foram alegados sob pretexto de aplicar dispositivo legal que apoiou o pedido.[24]

A doutrina processual brasileira costuma mencionar que o objeto de prova não seriam os fatos especificamente, mas somente as alegações de fatos. Esta noção é bem retratada por Carnelutti: "Quanto a posição da situação de fato, o juiz, em vez de ter que adaptar-se estritamente à

---

[21] Art. 334. Não dependem de prova os fatos:
I – notórios;
II – afirmados por uma parte e confessados pela parte contrária;
III – admitidos, no processo, como incontroversos;
IV – em cujo favor milita presunção legal de existência ou de veracidade.
Art. 337. A parte, que alegar direito municipal, estadual, estrangeiro ou consuetudinário, provar-lhe-á o teor e a vigência, se assim o determinar o juiz.

[22] GÍGLIO, Wagner D. *Direito processual do trabalho*. 14.ed., rev. e atual. São Paulo: Saraiva, 2005, p. 206.

[23] Art. 332. Todos os meios legais, bem como os moralmente legítimos, ainda que não especificados neste Código, são hábeis para provar a verdade dos fatos, em que se funda a ação ou a defesa.

[24] TEIXEIRA FILHO, op. cit., p. 43.

realidade, deve acomodar-se às afirmações das partes".[25] Marinoni coaduna deste entendimento, sustentando que o fato não pode ser qualificado como verdadeiro ou falso, e sim, ele existe ou não existe, restando claro que a relevância da questão está na demonstração da veracidade de uma alegação do fato.[26]

Merece destaque a lição de Alexandre Freitas Câmara, no sentido de que são objeto de prova as alegações, e não os fatos propriamente ditos, pois estes existem ou não existem, sendo que a prova não tem por fim criar a certeza dos fatos, mas a convicção do juiz sobre tal certeza. O aludido autor diferencia certeza de convicção, sendo a certeza uma qualidade do fato, de ordem objetiva; enquanto a convicção é de ordem subjetiva, aquilo que se forma na mente do julgador.[27]

Entretanto, não se pode deixar de mencionar os entendimentos em sentido contrário postos na doutrina. Eduardo Cambi, em sua obra de grande valia ao direito probatório, sustenta que o objeto de prova são os fatos, e não as afirmações destes. Tanto é assim que o ônus da prova não é distribuído com base nas alegações aleatórias das partes, mas dos fatos que a norma jurídica a ser aplicada contempla como pressuposto para que surta os efeitos jurídicos.[28] Também o renomado jurista Araújo Cintra diz que se as provas giram em torno de afirmações de fatos, elas recaem diretamente sobre os próprios fatos.[29]

Com respeito aos entendimentos dos autores citados, neste trabalho se entende que o objeto de prova são as alegações dos fatos, para demonstrar a veracidade ou não das

---

[25] CARNELUTTI, op. cit., p. 33.

[26] MARINONI, op. cit., p. 267.

[27] CÂMARA, op. cit., p. 399-401.

[28] CAMBI, Eduardo. *A prova civil: admissibilidade e relevância*. São Paulo: Revista dos Tribunais, 2006, p. 322.

[29] ARAÚJO CINTRA, Antônio Carlos de. *Comentários ao código de processo civil, vol. IV: arts. 332 a 475*. Rio de Janeiro: Forense, 2003, p. 05.

mesmas. Os fatos existem ou não existem, e auferir a certeza sobre a existência de um fato é uma das mais árduas tarefas em qualquer ramo das ciências, tanto que diversos autores afirmam ser uma utopia ou uma ilusão alcançar a verdade material. Conforme a própria regra do *onus probandi*, o encargo da prova não recairá para uma ou outra parte em função do fato, especificamente considerado, e sim, em razão das afirmações das partes sobre os fatos. Por exemplo, o fato constitutivo de um direito está definido abstratamente na norma, sendo esta uma questão de direito, ao passo que, se o autor afirma a ocorrência deste fato, deve demonstrar a veracidade desta alegação, objeto de prova, através dos meios aceitos no sistema processual pátrio.

Aliás, cumpre destacar, *ab initio*, que a discussão sobre o ônus da prova é questão de direito. Tal conclusão resta assente na obra de Eduardo Cambi:

> Como as normas que definem os efeitos jurídicos que recaem sobre os fatos a serem provados, o problema do ônus da prova passa a ser uma questão de aplicação do direito, porque uma regra somente pode ser aplicada quando a tipicidade hipotética abstratamente formulada se converter em realidade concreta;[30]

Como síntese conclusiva, faz-se menção aos ensinamentos de Danilo Knijnik, para o qual o objeto de prova não será o fato ocorrido no passado, e sim, os relatos desse fato passado feitos em Juízo. E a relação entre prova e verdade existe, na medida em que se almeja chegar o mais próximo da verdade, porém tendo a consciência de que aquilo que restou provado pode ser falso e vice-versa, situação que o autor denomina de prevenção do erro.[31]

A regra é que as provas recaiam sobre matérias fáticas, mas, por exceção, podem recair sobre matéria de direi-

---

[30] CAMBI, op. cit., p. 323.
[31] KNIJNIK, Danilo. *A prova nos juízos cível, penal e tributário*. Rio de Janeiro: Forense, 2007, p. 14.

to. Esta exceção está consubstanciada no art. 337 do CPC, que exige a prova dos direitos municipal, estadual, estrangeiro e consuetudinário. Entretanto, cabe destacar que a prova recai sobre o teor e vigência do direito, ou seja, sobre a existência de determinado texto legal e o fato de estar em vigor. Além do mais, da análise do dispositivo legal mencionado, colhe-se que tal prova somente se faz necessária após determinação judicial para tanto, embora se respeite entendimentos em sentido contrário.

Nem todas as alegações de fatos constituem objeto de prova, uma vez que a lei enumera, taxativamente, quais fatos independem de prova. Da análise do art. 334 da Lei Processual,[32] pode-se afirmar que independem de prova os fatos notórios, confessados, admitidos como incontroversos ou em cujo favor milita presunção legal de veracidade. Ainda, sustentam alguns doutrinadores que não admitem prova os fatos impossíveis, como, por exemplo, estar ao mesmo tempo em dois lugares, os quais não se confundem com os fatos improváveis.[33] Há quem situe a questão dos fatos impossíveis no conceito de fatos incontroversos.

Fatos notórios são aqueles de conhecimento geral, já sabido ou facilmente verificado, dos quais inexistem dúvidas e chegam ao conhecimento por si só, independente de instrução a respeito, *notoria non egent probationem*. A notoriedade é um conceito bastante debatido e divergente na doutrina processual, porém não cabe tal discussão no presente trabalho. Assim, para todos os efeitos, releva saber que fatos notórios são os conhecidos por todos que integram determinado círculo social, em um contexto de conhecimento pelo homem de cultura mediana de deter-

---

[32] Art. 334. Não dependem de prova os fatos:
I – notórios;
II – afirmados por uma parte e confessados pela parte contrária;
III – admitidos, no processo, como incontroversos;
IV – em cujo favor milita presunção legal de existência ou de veracidade.
[33] ARAÚJO CINTRA, GRINOVER, DINAMARCO; op. cit., p. 372-373.

minada região. Arruda Alvim sustenta que a notoriedade do fato deve abranger a todos os graus de jurisdição que possa ir a causa.[34]

Não raro existem menções no sentido de que a confissão é a rainha das provas, uma vez que a própria parte reconhece como verdadeiros os fatores que lhe são contrários. Nos fatos confessados, a dispensa de prova adquire maior importância em se tratando de lide que envolva direitos disponíveis, pois no tocante aos direitos indisponíveis existe uma mitigação desta regra de dispensa. Os fatos confessados, assim como os incontroversos e presumidos, não dependem de prova em razão das versões, seja do autor ou réu, se reduzirem a uma só.

Não se admite prova de fatos incontroversos, vale dizer, aqueles fatos não impugnados especificamente pelo réu, uma vez que este deve tomar posição definida quanto aos fatos articulados na inicial. Para que seja necessária a produção de prova, as alegações devem ser contrastadas por afirmações opostas. Ou seja, é imprescindível o choque de razões. Os arts. 300, 302 e 319, todos do CPC, atribuem ao réu o ônus de criar a controvérsia na defesa. Neste particular, oportuno mencionar que nem todas as alegações incontroversas independem de prova, haja vista a existência de exceções legais, como, por exemplo, faltar documento público indispensável à prova do fato.

Oportuno mencionar as idéias de Amador Paes de Almeida, o qual sustenta que podem ser objeto de prova os fatos não contrariados, face ao princípio do inquisitório. O juiz pode exigir a prova para o fim de formar seu convencimento com mais segurança ou nos casos em que a lei exija formalidade para a prova do ato jurídico.[35] Enfim, a regra é que não se admite prova dos fatos incontroversos, uma vez

---

[34] ALVIM, op. cit., p. 432.
[35] ALMEIDA, Amador Paes de. *CLT Comentada: Legislação, Doutrina, Jurisprudência*. 3.ed. rev. e atual. São Paulo: Saraiva, 2005, p. 389.

que os mesmos pressupõem que a parte não tem a intenção de debatê-los, após ter sido oportunizada a contradição.

Ponto crucial e que merece análise cautelosa é a questão das presunções, dos indícios e das máximas de experiência, as quais são, senão o único, o mais comum fundamento utilizado pela doutrina e pela jurisprudência trabalhista para realizar a inversão do ônus da prova. Desde logo, é de se ressaltar que não se coaduna deste entendimento no presente trabalho, pelos motivos que serão expostos.

Presunção "[...] é a dedução, a conclusão ou conseqüência que se tira de um fato conhecido, para se admitir como certa, verdadeira e provada a existência de um fato desconhecido ou duvidoso [...]".[36] A presunção é prova indireta, resultado do raciocínio pelo qual se inferem fatos desconhecidos de outros já conhecidos, os quais se denominam como indícios. O indício é um dos elementos da presunção, cuja definição pode ser encontrada no Código de Processo Penal (CPP) como "[...] a circunstância conhecida e provada, que, tendo relação com o fato, autoriza, por indução, concluir-se a existência de outra ou outras circunstâncias (art. 239)".[37]

Ou ainda, "Distingue-se a presunção do indicio. A primeira decorre de um fato conhecido para um fato ignorado. O indício mostra circunstância que conduzem à admissibilidade de outras situações".[38] Partindo da convicção da ocorrência de determinado fato – o indício –, por raciocínio lógico, se deduz a existência de outro fato, objeto a ser provado. A confusão que ocorre sobre estes conceitos se dá, na maioria das vezes, em razão de que presunções

---

[36] ALMEIDA, Isis de. *Manual de direito processual do trabalho*. 10.ed., atual. e ampl. São Paulo: LTr, 2002, p. 168.

[37] Idem, p. 169.

[38] MARTINS, Sérgio Pinto. *Direito processual do trabalho: doutrina e prática forense; modelos de petições, recursos, sentenças e outros*. 25. ed. São Paulo: Atlas, 2006, p. 344.

e indícios decorrem um do outro ou, até mesmo, ambos acontecem simultaneamente.

A utilização da prova indireta somente pode ocorrer na impossibilidade da prova direta. Ou seja, a idéia de presunção, seja legal ou judicial, parte da verificação, pelo legislador ou magistrado, da dificuldade ou sacrifício da prova de certo fato. Como dito, as presunções podem ser legais ou judiciais. Legais quando determinadas por lei, que podem ser: absolutas, *iuris et de iure*, que não admitem prova em contrário; ou relativas, *iuris tantum*, em que há a possibilidade da parte provar em sentido diverso. Assim, se tem como exemplo de presunção legal relativa a regra inserida no art. 447 da CLT, bem como o art. 456, parágrafo único, do referido Diploma Legal.

A matéria sobre presunções legais é desprovida de maiores complexidades, uma vez que fixadas, objetiva e taxativamente, em lei. Cabe ressaltar, apenas, que a presunção dispensa a prova do fato desconhecido, mas exige a prova do fato base, não sendo caso de inversão do ônus da prova.

O tema adquire complexidade em se tratando das presunções judiciais, *hominis vel iudicis*, ou simplesmente denominadas presunções comuns, haja vista serem realizadas tão-somente pelo raciocínio lógico do juiz. Tal raciocínio é baseado no senso comum, na experiência do homem médio em um dado momento histórico e no âmbito de determinada cultura.

Nessa espécie de presunção é que o juiz pode socorrer-se das máximas de experiências, como aquilo que normalmente acontece, parâmetro este aplicável apenas quando da ausência de lei específica para reger determinada relação. Chiovenda, ao dispor sobre *praesumtiones hominis*, alega que a presunção equivale a uma convicção fundada sobre a ordem normal das coisas, cuja duração está condicionada à prova em contrário.[39]

Araújo Cintra, ao tratar das regras de experiência (CPC, art. 335),[40] refere:

> Indícios são os fatos conhecidos dos quais, por dedução, se infere fato desconhecido. No processo, para a apuração do fato probando, essa dedução de faz, nos termos da disposição em exame, mediante aplicação das regras de experiência, quando não haja norma legal particular que a discipline.[41]

Nos dizeres de Teixeira Filho, as máximas de experiência, conforme teoria elaborada por Stein, consistiam:

> [...] em condições ou juízos hipotéticos de conteúdo geral, independente do caso concreto que se tem de julgar e de seus elementos particulares, e que são adquiridos pela experiência, mas que são autônomas em face dos casos particulares, de cuja observação se deduzem e que pretendem ter valor em relação aos novos casos.[42]

A permissão legal para a utilização das máximas de experiências não autoriza o julgador a sopesar seus conhecimentos pessoais, situação que acabaria por ferir a imparcialidade e faria, do magistrado, uma testemunha de uma das partes. Além do mais, não podem atuar as máximas de experiências quando houver normas jurídicas a reger a espécie.

Enquanto as máximas de experiência são atividades intelectuais do juiz, os indícios são fatos demonstrados que conduzem a outros fatos, sendo em comum apenas o mé-

---

[39] CHIOVENDA, Giuseppe. *Instituições de direito processual civil v.1.* 3.ed. São Paulo: Saraiva, 1969, p. 139.

[40] Art. 335. Em falta de normas jurídicas particulares, o juiz aplicará as regras de experiência comum subministradas pela observação do que ordinariamente acontece e ainda as regras da experiência técnica, ressalvado, quanto a esta, o exame pericial.

[41] ARAÚJO CINTRA, op. cit., p. 30.

[42] STEIN *apud* TEIXEIRA FILHO, op. cit., p. 105.

todo indutivo utilizado em ambas as hipóteses. Entretanto, as máximas de experiências são pautadas apenas na experiência vivencial, ao passo que os indícios se baseiam nas circunstâncias do caso concreto.

Como exemplo, de presunções judiciais, traz-se o fato da ingestão de grande quantidade bebida alcoólica que gera a presunção de que a pessoa ficou embriagada. Ou, ainda, presume-se o trabalho em jornada normal, e não extraordinária. Igualmente, o Tribunal Superior do Trabalho (TST), através de suas súmulas, vem estabelecendo presunções, como se pode auferir das Súmulas nos 16 e 43.[43]

Entretanto, a utilização da presunção judicial e das regras de experiência deve ser a mais cautelosa possível. Conforme explica Marinoni, o grau de credibilidade de uma presunção judicial repousa na maior precisão ou não das premissas de que parte a presunção, vale dizer, o grau de coerência do fato secundário e o grau de vinculação deste com a conseqüência.[44]

Os requisitos das presunções *hominis* definidos por Arruda Alvim são: a) gravidade, como a intensidade da convicção provocada no juiz; b) precisão, no sentido de que as conseqüências extraídas pelo julgador sejam precisas, claras e efetivamente possíveis; e c) concordância, como a reunião de diversos indícios que conduzem a uma conclusão, logicamente presumível.[45] Além do mais, não se

---

[43] Súmula n° 16 NOTIFICAÇÃO (nova redação) – Res. 121/2003, DJ 19, 20 e 21.11.2003

Presume-se recebida a notificação 48 (quarenta e oito) horas depois de sua *postagem*. O seu não-recebimento ou a entrega após o decurso desse prazo constitui ônus de prova do destinatário.

Súmula n° 43 TRANSFERÊNCIA (mantida) – Res. 121/2003, DJ 19, 20 e 21.11.2003

Presume-se abusiva a transferência de que trata o § 1° do art. 469 da CLT, sem comprovação da necessidade do serviço.

[44] MARINONI, op. cit., p. 299.

[45] ALVIM, op. cit, p. 538-539.

podem ignorar os critérios da inferência lógica, que podem ser extensivos ou intensivos: o primeiro, significa dizer que a presunção deve ser apta a demonstrar a totalidade do fato principal, do fato *probando*; o segundo, porque é necessária a demonstração de que daquele fato indiciário não pode decorrer outro que não seja o que se pretende provar.[46]

Um dos problemas que pouco têm sido debatido nesta temática é o fato de que uma parte prejudicada, por uma presunção estabelecida pelo julgador, via de regra, terá conhecimento de tal presunção quando da sentença. Assim, a oportunidade de demonstrar a ausência dos requisitos e critérios acima aludidos ou já terá sido ultrapassada, face ao encerramento da instrução probatória, ou se existente prova nos autos, dependerá da análise pelo segundo grau de jurisdição, sendo esta questão agravada na Justiça do Trabalho em razão da exigência do depósito recursal. Por outro lado, não restam dúvidas de que estabelecer presunções judiciais através de súmulas dos Tribunais Superiores minimizam, de certa forma, estas conseqüências negativas, evitando o elemento surpresa no processo.

De qualquer modo, há de ser minuciosamente sopesada a aplicação de presunções judiciais e das regras de experiências no processo do trabalho, pois, ao passo que ajudam na solução da lide, podem ser extremamente maléficas, se aplicadas sem a exigível prudência, a ponto de violar princípios constitucionais consagrados como o da ampla defesa, do contraditório, dentre outros.

Por isso se pode dizer que a presunção comum é mais fraca do que as presunções legais, além de trazerem como conseqüência o aumento dos riscos da atividade probatória. Ademais, não se deve confundir presunção com juízo-resultado, pois a primeira é a conclusão do fato indiciário, enquanto a segunda é a sentença ou uma decisão de tutela antecipada. Em outras palavras, pode uma presunção não

---

[46] MARINONI, op. cit. p. 301.

ser suficiente ao resultado favorável, assim como a soma de duas ou mais presunções podem bastar para uma sentença ser favorável.[47]

Reitera-se que, mesmo que a parte tenha a seu favor uma presunção, cabe a ela provar o fato base que conduz tal presunção, bem como ao réu cabe a prova contrária tanto em relação ao fato base quanto ao fato presumido. Com grande sabedoria, leciona Teixeira Filho:

> Cumpre esclarecer, todavia, que a regra legal que afirma independerem de prova tais fatos deve ser entendida *stricto sensu*, pois ela não autoriza, como se possa imaginar, que a parte que invoca uma presunção legal nada tenha a provar. [...] À vista de tais considerações, é possível estabelecer-se que a parte invocadora da presunção legal de existência ou de veracidade do fato não está obrigada a provar o fato presumido, mas, sim, o fato no qual a lei assenta a presunção.[48] [grifo do autor]

Por fim, a presunção não merece ser considerada como meio de prova, tanto que não está prevista na Lei Processual no referido tópico, sendo apenas uma espécie de raciocínio lógico. A presunção nada faz surgir de novo no plano concreto. Barbosa Moreira ressalta que os meios de prova são pontos de partida, enquanto o indício é ponto de partida em relação à presunção, porém é ponto de chegada em confrontação com uma prova documental ou testemunhal.[49]

Apenas como referência, destaca-se que atualmente está consagrado na doutrina processual que os fatos negativos também são objeto de prova, desde que singulares e determinados. Aquele que alega um fato negativo como constitutivo do seu direito terá o ônus da prova, questão esta que será novamente debatida quando da análise do *onus probandi*.

---

[47] MARINONI, op. cit. p. 303.
[48] TEIXEIRA FILHO, op. cit., p. 54.
[49] MOREIRA, 2006, *apud* MARINONI, op. cit., p. 300.

Portanto, objeto de prova são os fatos controvertidos, relevantes e determinados. A relevância é definida a critério do julgador (CLT, art. 765), vinculada a capacidade de influenciar no julgamento, dispensando-se a prova do fato que, com ou sem ele, a decisão será a mesma. Determinados são os fatos individualizados, especificados, reproduzidos de modo claro e conciso (CLT, art. 840, § 1º). Esta última característica sofre atenuantes no processo do trabalho, em razão das pretensões múltiplas e heterogêneas.

1.4. Sistema de valoração da prova

Em qualquer estudo que envolva o direito probatório faz-se necessária uma análise, ainda que sem maiores aprofundamentos, dos sistemas de valoração da prova. É possível mencionar três grandes sistemas referentes à avaliação da prova: a) prova legal; b) livre convencimento; e c) persuasão racional.

O sistema da prova legal ou tarifada, igualmente conhecido como prova formal, tem como característica marcante o valor inalterável, constante e preestabelecido da prova, mediante enumeração taxativa. Trata-se de um sistema antigo, da época medieval, que no direito moderno restou reduzido, senão acabado.

Já o sistema da livre apreciação da prova, ou livre convencimento, substituiu o da prova legal, em meados do século XIII. Este novo sistema roga que o juiz, soberano, é livre para firmar seu convencimento sobre os fatos da causa, podendo, inclusive, basear-se tão-somente nas suas impressões pessoais.

Por último, o sistema da persuasão racional da prova, também chamado de livre convencimento motivado, é um sistema misto, atualmente utilizado pelos sistemas probatórios, consolidado sobretudo na Revolução Francesa. Tal sistema tem fundamento no livre convencimento, porém incumbindo ao juiz o dever de fundamentar a decisão, indicando seus motivos e as circunstâncias do caso, conforme princípio da motivação das decisões judiciais. (CF, 93, IX)

O convencimento deve ser motivado, para que a liberdade de convicção não importe em formação arbitrária. O julgador aprecia a prova conforme seu íntimo convencimento, mas limitado à prova constante dos autos, *quod non est in acti non est in mundo*.

Este último sistema está incorporado ao sistema processual de países como França, Alemanha, Inglaterra, Áustria, Itália, Rússia, Argentina, Colômbia, México, Estados Unidos, dentre outros.[50] Também o Brasil adota este sistema da persuasão racional, nos termos do art. 131 da Lei Processual,[51] sendo que nenhuma prova prevalece sobre outra, mas todas têm igual valor e estão vinculadas ao contexto em que se inserem.

Não se pode perder de vista que "[...] o livre convencimento não é um convencimento alheio a regras, nem pode ser reduzido a um mandado de livre admissão de provas".[52] Para tanto, Danilo Knijnik afirma que a livre convicção do juiz somente será aplicada de forma justa quando houver uma rígida separação dos planos da admissibilidade, da valoração e da fundamentação; bem como quando da correta utilização dos modelos de constatação aplicáveis no âmbito das especificidades de cada processo.[53]

Sobre a iniciativa das partes, cumpre destacar que o processo, no sistema probatório brasileiro, não é mais emi-

---

[50] NASCIMENTO, Amauri Mascaro. *Curso de direito processual do trabalho*. 21.ed.atual. São Paulo: Saraiva, 2002, p. 427.

[51] Art. 131. O juiz apreciará livremente a prova, atendendo aos fatos e circunstâncias constantes dos autos, ainda que não alegados pelas partes; mas deverá indicar, na sentença, os motivos que lhe formaram o convencimento.

[52] KNIJNIK, op. cit., p. 19.

[53] Idem, ibdem.

nentemente dispositivo como outrora, imperando a livre investigação da prova (CPC; arts. 125, 130, 131 e 330). Da mesma forma no processo do trabalho: "Na justiça trabalhista, os poderes do juiz na colheita das provas também são amplos (CLT, art. 765)".[54]

Interessante, como conclusão, repisar a análise feita por Cândido Rangel Dinamarco, ressaltando a necessidade do equilíbrio entre o modelo dispositivo e inquisitório:

> Em síntese: com algumas razões convergentes ao dever judicial de tomar iniciativas quanto à prova coincidem certas razões opostas, que aconselham menor ativismo do juiz. As forças que impelem o juiz ao ativismo probatório são (a) o dever de promover a igualdade entre os litigantes, (b) a dignidade da jurisdição, que quer o juiz como agente da justiça e não mero refém das condutas e omissões das partes e (c) a indisponibilidade dos direitos e relações jurídico-substanciais em certos casos. Em sentido oposto: a) a ordinária disponibilidade dos direitos versados em processo civil, (b) o conseqüente caráter predominantemente dispositivo deste, (c) o sistema de ônus processuais, pelo qual em princípio cada qual responde por suas próprias omissões e (d) a necessária imparcialidade do juiz [...].[55]

1.5. Natureza jurídica das normas sobre prova

De grande relevância no estudo do direito probatório é a análise da natureza jurídica das normas sobre prova. *A priori*, tem-se a impressão de que as normas sobre prova são de natureza processual, haja vista o grau de vinculação destas normas com o processo. Entretanto, a importância extrajudicial das provas e a regulação de normas sobre prova no Código Civil, principalmente após a vigência do

---

[54] ARAÚJO CINTRA., GRINOVER., DINAMARCO, op. cit., p. 72.
[55] DINAMARCO, op. cit., p. 57.

Código Civil de 2002, são elementos que questionam a natureza jurídica destas normas.

É possível distinguir, de forma objetiva, três correntes básicas acerca da natureza jurídica das normas sobre a prova. A primeira sustenta se tratar de natureza de direito material, ou substancial, cujo fundamento estaria na possibilidade de se pactuar sobre prova e na impossibilidade de se dissociar direito e prova, pois esta condiciona a decisão sobre o direito material em litígio. São defensores desta corrente autores como Satta, Carnelutti e Pontes de Miranda.

A posição contrária, que defende a natureza de direito processual, afirma que a prova está vinculada à formação da convicção do julgador e não se sujeita aos interesses das partes. Além disso, funda-se na possibilidade de o juiz agir de ofício na produção probatória, demonstrando o abandono à concepção clássica do juiz inerte e neutro, fenômeno muitas vezes denominado como publicização do processo. São favoráveis a esta concepção autores como Liebman, Couture, Lessona, Arruda Alvim e outros. O fato de estarem as normas sobre provas previstas no Código Civil, não tem o condão de mudar sua natureza, servindo mais como motivo de crítica pelos doutrinadores, principalmente em relação ao novo Código Civil Brasileiro, que ampliou o leque de normas sobre prova:

> Embora vários temas sobre a prova venham às vezes tratados na lei civil, trata-se de autêntica matéria processual – porque falar em prova significa pensar na formação do convencimento do juiz, no processo. Mas o novo Código Civil invadiu radicalmente essa área, com disposições de caráter nitidamente processual, o que constitui um retrocesso científico (arts. 212 ss.).[56]

Em situação intermediária, têm-se autores como Melendo, Denti e outros, os quais, em geral, dividem as

---

[56] ARAÚJO CINTRA, GRINOVER, DINAMARCO, op. cit., p. 371.

normas sobre prova em dois ramos, cada qual com sua natureza. Admitem o caráter processual e substancial das normas sobre provas, como, por exemplo, as normas sobre fontes seriam de natureza material, ao passo que normas que prevêem os meios seriam de natureza processual. Ou ainda, haveria uma outra corrente no sentido de estas normas pertencerem ao direito judicial.

A noção de prova se diferencia das formas solenes dos atos. Estas formas são de direito civil, exigindo que determinado ato seja realizado conforme determinada forma, sob pena de inexistência ou invalidade (CC, art. 104, inciso II). Interessante é a distinção realizada por Alexandre Freitas Câmara:

> Não se pode confundir tais normas com as que regulam a forma de determinados atos jurídicos (como o dispositivo que exige instrumento público para o contrato de compra e venda de bens imóveis), pois estas possuem caráter material (estando ligadas à própria validade dos atos jurídicos, pois que a forma é, nestas hipóteses, determinada *ad substantiam*).[57] [grifo do autor]

E de grande valia ao estudo desta questão são os ensinamentos do Ministro Luiz Fux:

> Por esta razão, as normas sobre provas, onde quer que se encontrem, são normas de direito processual, posto interessarem unicamente ao processo, na medida em que o objetivo da prova é convencer o juiz. As normas de direito material sobre a prova do ato pertinem mais à estrutura do mesmo que à sua forma de demonstração de existência. São denominadas formas *ad solemnitatem* constitutivas do próprio ato jurídico.
>
> [...] a prova ingressa no mundo jurídico a partir do momento em que se faz mister apresentá-la num processo judicial. Antes disso, o que se tem é a forma do negócio instituído como fato de exteriorização do ato.[58] [grifo do autor]

---

[57] CÂMARA, op. cit., p. 399.

[58] FUX, Luiz. *Curso de direito processual civil*. Rio de Janeiro: Forense, 2005, p. 692-696.

Como o presente estudo trata de questões sobre o ônus da prova, tais normas devem ser consideradas como de natureza de direito processual, no sentido atribuído por Chiovenda: "Conhece-se por lei processual a lei reguladora dos modos e condições da atuação da lei no processo, assim como da relação jurídica processual".[59] Estas normas dizem respeito à relação jurídica de natureza processual estabelecida entre o autor, o réu e o Estado, o qual possui soberania e a exerce através da jurisdição. Arruda Alvim corrobora deste entendimento, referindo que a questão do ônus da prova, regulada pelo CPC, é intrinsicamente processual.[60]

As normas sobre o ônus da prova constituem critérios de proceder e cuja violação importa em *error in procedendo*. Conseqüência desta afirmação é que as normas sobre ônus da prova são de natureza cogente, imperativa, de ordem pública, sendo que no processo do trabalho sequer há de se falar na possibilidade de convenção sobre o *onus probandi*. A natureza pública destas normas decorre principalmente da realização do interesse público que lhe está adjacente, cuja finalidade precípua é a ordem e a paz social.

Não obstante, embora se afirme a natureza processual das normas sobre ônus da prova, tal alegação não significa dizer que estas normas são estranhas à substância do direito em litígio. Pelo contrário, ainda que as normas sobre o encargo da prova estejam ligadas ao exercício de jurisdição, o critério definido pelo art. 333 do CPC demanda a subsunção do fato à norma jurídica material. Em outras palavras, é processual a regra que reparte o ônus da prova, evitando-se o *non liquet*, sendo que cabe ao autor a prova do fato constitutivo do seu direito. E este critério estabelecido pelo legislador, o fato constitutivo, será definido pelos elementos da norma que fundamenta o direito evocado, ou seja, o fato geral e abstratamente previsto.

---

[59] CHIOVENDA, op. cit., p. 72.
[60] ALVIM, op. cit., p. 405.

Esta ingerência do direito material no campo processual é comum e não tem o condão de afetar a natureza jurídica das normas ventiladas, pois mesmo um ramo autônomo como é o processo não se constrói sozinho. Afinal, o processo é instrumental, é meio para a realização do direito substancial, para a efetivação das normas de direito material. Isto se dá através de regras que estabelecem a forma das atividades, as quais devem ser realizadas para obter do Estado a garantia do gozo de bens da vida.[61]

1.6. O princípio da proteção no processo do trabalho

Outro tema controvertido e que merece rigoroso debate é o princípio da proteção e sua extensão ao processo do trabalho. Este princípio recebe denominações diversas, tais como princípio *pro operario*, princípio mais favorável ao trabalhador, princípio tutelar, dentre outros. Na doutrina de Américo Plá Rodriguez, o princípio da proteção tem o seguinte significado:

> O princípio de proteção se refere ao critério fundamental que orienta o Direito do Trabalho pois este, ao invés de inspirar-se num propósito de igualdade, responde ao objetivo de estabelecer um amparo preferencial a uma das partes: o trabalhador.[62]

A proteção no Direito do Trabalho visa a alcançar a igualdade substancial, no contexto de um direito que, historicamente, surgiu como conseqüência dos vários modos de exploração do trabalhador decorrente da liberdade contratual e de capacidades econômicas diferenciadas. O concei-

---

[61] SÜSSEKIND, Arnaldo [*et al.*]. *Instituições de direito do trabalho, volume II*. 22.ed. atual. por Arnaldo Sussekind e João de Lima Teixeira Filho. São Paulo: LTr, 2005.p. 1418.

[62] PLÁ RODRIGUEZ, Américo. *Princípios de direito do trabalho*. trad. por Wagner D. Giglio. São Paulo: LTr; Ed. da Universidade de São Paulo, 1978, p. 28.

to da proteção está baseado no ideal de que a desigualdade econômica se protege com a superioridade jurídica. Assim, o princípio da proteção atua como critério de interpretação, nos casos de dúvidas, pois não substitui nem supre o legislador, mas o respeita e colabora no cumprimento das suas determinações. Até porque os princípios têm a função de complementaridade, conforme se colhe da brilhante lição de Humberto Ávila.[63]

Continuando com os ensinamentos de Plá Rodriguez, o renomado autor sustenta que o princípio tutelar se expressa de três modos: a) na regra *in dubio pro operario*, ou seja, dentre os vários sentidos possíveis de uma norma, deve socorrer-se do mais favorável, sendo aplicável apenas na dúvida quanto ao alcance da norma; b) na regra da norma mais favorável, no sentido de que, se houver mais de uma norma aplicável, se deve optar pela mais favorável, independentemente da hierarquia; e c) na regra da condição mais benéfica, pela qual a aplicação de uma nova norma trabalhista fica condicionada à não-diminuição das condições favoráveis em que se encontrava o trabalhador.

Muito se discute a aplicação do princípio da proteção no processo do trabalho, pois o processo é meio, pautado na isonomia, contraditório, ampla defesa, enfim, pela paridade de armas. Oportuno mencionar a lição de Alexandre Freitas Câmara, no sentido de que "Já foi dito que o processo é um jogo. Que seja ao menos um jogo equilibrado, em que ambas as partes têm as mesmas chances de êxito, o que assegurará o sucesso a quem seja efetivamente titular de uma posição jurídica de vantagem".[64]

Os fundamentos do princípio da proteção são por demais louváveis, pelo que devem ser valorizados tanto por doutrinadores quanto pelos operadores do direito. Parece

---

[63] ÀVILA, Humberto Bergmann. *Teoria dos princípios: da definição à aplicação dos princípios jurídicos.* 5.ed.rev.ampl. São Paulo: Malheiros, 2006, p. 176

[64] CÂMARA, op. cit., p. 41.

inegável a existência de normas processuais de proteção ao trabalhador, tais como a gratuidade do processo, a valorização do impulso oficial, o depósito recursal, dentre outras. Assim, a proteção do trabalhador no processo existe, porém é *ex lege*. Protecionista é, ou deveria ser, o sistema adotado pela lei, e não o Juiz ou o Judiciário Trabalhista. Neste particular, coaduna-se das inteligíveis palavras de Wagner D. Giglio:

> [...] justo é tratar desigualmente os desiguais, na mesma proporção em que se desigualam, e o favorecimento é a qualidade da lei e não defeito do juiz, que deve aplicá-la com objetividade, sem permitir que suas tendências pessoais influenciem no seu comportamento. Em suma: o trabalhador é protegido pela lei, e não o juiz.[65]

Especificamente no tocante à apreciação da prova, destaca-se a lição de Benito Pérez, no sentido de que não se aplica o princípio da proteção nestes casos, porque os fatos devem chegar ao juiz tal como ocorreram, não se permitindo que, através do princípio da proteção, se supram deficiências probatórias.[66] O referido princípio não se presta a distorções ou para servir como válvula de escape, o que acaba freqüentemente acontecendo. Interpretar o direito não significa criá-lo. Neste contexto, louvável são as palavras de Plá Rodriguez:

> Este princípio não dá direito a fazer qualquer coisa em nome da proteção do trabalhador, e muito menos a substituir-se ao criador das normas. Tem um campo de aplicação limitado e, mantendo-se dentro dele, não conspira contra a segurança, porém assegura a eficaz e adequada aplicação das normas.[67]

Portanto, a proteção existente no processo do trabalho decorre da lei. Se esta lei, quando interpretada, suscitar dúvida quanto ao alcance da norma, deve o intérprete so-

---

[65] GIGLIO, op. cit.,p. 71.

[66] PEREZ, 1973, *apud* PLÁ RODRIGUEZ, op. cit.,p. 47.

[67] PLÁ RODRIGUEZ, op. cit.,p. 38

correr-se dos parâmetros do *in dubio pro operario,* da norma mais favorável e da condição mais benéfica. No tocante às regras do *onus probandi,* as mesmas estão rigorosa e objetivamente dispostas no sistema processual, não havendo que se falar em atenuação destas regras ou até mesmo inversão do ônus da prova com base no princípio da proteção.

2. O ônus da prova

2.1. O ônus da prova no processo civil

Imprescindível para a análise do instituto da inversão do ônus da prova é estabelecer o que vem a ser o *onus probandi*. Já dizia João Batista Lopes que: "Das mais polêmicas em doutrina é a questão do ônus da prova, sendo muitas as teorias que procuram resolvê-la".[68] A disciplina do ônus da prova é vital para o processo, não sendo raras as afirmações de que o *onus probandi* é a espinha dorsal do processo. As regras de repartição da carga probatória representam o núcleo fundamental para o desenvolvimento do processo, na busca da verdade material que levará à justa composição da lide.

Estabelecer um critério de repartição do ônus da prova já era uma preocupação na antiguidade, época em que, na falta ou insuficiência de provas, se decidia em favor do mais probo. Se de igual reputação autor e réu, a decisão seria favorável ao réu. No direito romano, o critério do ônus da prova era com base na afirmação, cabendo sempre ao autor tal ônus, uma vez que sempre era ele quem ingressava em juízo, *actori incumniti onus probandi*. Com o tempo,

---

[68] LOPES, João Batista. *A prova no direito processual civil*. 2.ed. rev., atual. e ampl. São Paulo: Revista dos Tribunais, 2002, p. 41.

esta teoria evoluiu, já que se percebeu que a resposta do réu poderia conter também uma afirmação, portanto *reus in excipiendo fit actor*.[69]

A partir dos textos romanos, estudiosos elaboraram um sistema baseado em duas regras fundamentais: *afirmanti non neganti incumbiti probatio* e *negativa non sunt probanda*. Esta foi a concepção dominante no direito medieval, com a discussão sobre fatos positivos e negativos, sendo a prova deste último considerada impossível. Entretanto, a inexatidão destas regras levou os autores a afirmar da possibilidade da prova do fato negativo, desenvolvendo novas teorias, cujo resultado é a moderna teoria sobre repartição do ônus da prova, com base em Chiovenda.

Cabe aqui mencionar alguns conceitos sobre ônus da prova. Cândido Rangel Dinamarco afirma que o "Ônus da prova é o encargo, atribuído pela lei a cada uma das partes, de demonstrar a ocorrência dos fatos de seu próprio interesse para as decisões a serem proferidas no processo".[70] Arruda Alvim cita, de forma objetiva, que "O ônus da prova, pois, é o caminho normal para a solução das lides".[71] Ainda, "[...] ônus da prova pode ser conceituado como a conduta que se espera da parte, para que a verdade dos fatos alegados seja admitida pelo juiz e possa ele extrair daí as conseqüências jurídicas pertinentes ao caso".[72]

Amauri Mascaro Nascimento define:

> Assim, ônus da prova é a responsabilidade atribuída à parte para produzir uma prova e que, uma vez não desempenhada satisfatoriamente, traz, como conseqüência, o não-reconhecimento, pelo órgão jurisdicional, da existência do fato que a prova se destina a demonstrar.[73]

---

[69] TEIXEIRA FILHO, op. cit., p. 111-112.

[70] DINAMARCO, op. cit., p. 71.

[71] ALVIM, op. cit., p. 420.

[72] WAMBIER, op. cit., p. 480.

[73] NASCIMENTO, op. cit., p. 428.

Nesta linha de conceitos mais amplos, cabe destaque a conceituação de Rui Manuel de Freitas Rangel:

> Consiste o ônus da prova na actividade ou comportamento desenvolvidos por um sujeito, como necessários à obtenção de certo efeito favorável que está subjacente na sua pretensão, deixando a sua inteira liberdade a escolha ou não desse comportamento.[74]

Oportuno considerar a antiga conceituação proposta por Gian Antonio Micheli, autor com grande destaque na temática abordada:

> El fenomeno de la carga, estudiado hasta ahora, puede describir-se sucintamente así: la ley, en determinados casos, atribuye al sujeto el poder de dar vida a la condición (necesaria y suficiente) para la obtención de un efecto jurídico, considerando favorable para dicho sujeto.[75]

A expressão "ônus", na língua portuguesa, decorre do latim *onus*, cujo significado é "1. Aquilo que sobrecarrega; carga; peso. 2. Encargo; obrigação; dever, gravame [...]".[76] Assim, ônus é encargo, peso, carga, tanto que a doutrina espanhola denomina como *carga de la prueba*. Distingue-se ônus do dever ou obrigação. O primeiro é uma faculdade e um reflexo, pois é o próprio indivíduo que sofre as conseqüências da omissão, ao passo que a obrigação está vinculada a um benefício para a parte contrária da relação. Já o dever, *stricto sensu*, não se converte em pecúnia e tem caráter de perpetuidade, como, por exemplo, o dever processual de lealdade. O dever não se esgota no seu cumprimento, como ocorre com o ônus e a obrigação.

Enquanto o ônus está vinculado à noção de risco, a obrigação está ligada à noção de sujeição, embora ambos

---

[74] RANGEL, Rui Manuel de Freitas. *O ônus da prova no processo civil*. 2.ed. rev., ampl. e atual. Coimbra: Livraria Almedina, 2002, p. 89.

[75] MICHELI, Gian Antonio. *La carga de la prueba*. Buenos Aires: EJEA, 1961, p. 85.

[76] FERREIRA, Aurélio Buarque de Holanda. *Novo dicionário da língua portuguesa*. Rio de Janeiro: Nova Fronteira, 1975.p. 999.

compartilhem do elemento vontade. A diferença reside no elemento material, pois para a tutela do interesse alheio o vínculo é a obrigação, enquanto ônus é tutela de interesse próprio, em prol de obter certa vantagem. No ônus há um comportamento necessário para se alcançar determinado efeito jurídico, sendo facultado ao sujeito adotar ou não este comportamento, enquanto a obrigação deve ser cumprida, até mesmo coercivamente, sob pena da aplicação de sanções.

O ônus não garante ao adversário um direito respectivo. Como bem denota Tesheiner: "As regras técnicas não impõem deveres: apenas dizem o que é necessário fazer para se atingir certo fim. Assim, por exemplo, se quero acender a luz, preciso acionar o comutador".[77]

Apenas como referência, tem-se a distinção entre ônus perfeito e imperfeito, ou absolutos e relativos, respectivamente. O primeiro, quando a parte não se desincumbe do seu ônus e desta situação terá, necessariamente, as conseqüências jurídicas prejudiciais. Por exemplo, quando a parte deixa de interpor o recurso. Por outro lado, o ônus imperfeito é aquele em que a inércia nem sempre produz as conseqüências prejudiciais. É o que ocorre com o ônus da prova, pois possível que outrem produza a prova necessária e aquele que não se desincumbiu do seu ônus de provar, ainda assim, terá sua pretensão acolhida.

Impede considerar as distinções que são feitas sobre o ônus da prova, se regra de conduta ou julgamento, vale dizer, ônus subjetivo e objetivo. Ônus subjetivo é quanto à indagação de qual dos litigantes suportará os riscos da prova frustrada, como regra de conduta. Já o ônus objetivo é voltado para o juiz, pois na sentença importa o que restou ou não comprovado, como regra de julgamento.

---

[77] TESHEINER, José Maria Rosa. *Elementos para uma teoria geral do processo.* São Paulo: Saraiva, 1993, p. 12.

Não se pode negar que a aplicação direta das regras do ônus da prova somente será realizada quando do julgamento, na ausência ou insuficiência de provas. A própria estrutura do ônus da prova denota que o mesmo constitui uma regra de decisão das questões irredutivelmente incertas, haja vista que o juiz não pode abster-se de julgar, ou seja, é vedado o *non liquet*. O que importa é saber quais fatos foram provados, e não quem os provou, conforme princípio da aquisição das provas, do inquisitório e da cooperação. Ressalte-se que o dever do julgador é de manter-se em estado de dúvida no curso da instrução, para melhor avaliar a prova dos autos.

O sistema processual brasileiro é dispositivo, cabendo às partes a iniciativa da ação e o ônus de provar os fatos que lhe são favoráveis. A iniciativa oficial, pautada no princípio do inquisitório, com maior aplicação em se tratando de direitos indisponíveis, é um modelo que permite ao juiz determinar provas suplementares, para firmar sua convicção. A iniciativa oficial não se presta a suprir a inércia da parte, podendo ser utilizada de forma complementar ou integrativa de determinada prova, cuja produção tenha sido requerida pela parte.[78]

Todos os fundamentos acima citados não servem para elidir a afirmação de que o *onus probandi* está inserido num contexto de motivação das partes para que participem da instrução probatória, do contraditório, tendo ciência dos resultados negativos decorrentes de eventual omissão. Justamente com base no interesse das partes é que foram criadas as regras sobre ônus da prova, como necessidade de provar os fatos essenciais para o triunfo da ação.

Com muita propriedade, Marinoni ressalta que não se restringe o ônus da prova a idéia de regra de julgamento, uma vez que é importante para a formação do conven-

---

[78] CAMBI, op. cit., p. 326.

cimento, o que antecede a decisão.[79] Em outras palavras, convencer que a verossimilhança basta é diferente do estado de dúvida. A formação do convencimento pode ser de certeza ou de verossimilhança, variando conforme as circunstâncias do caso concreto e o direito material debatido. Assim, o juiz pode reduzir as exigências de prova, no caso concreto, optando pela verossimilhança, situação que nada tem a ver com o ônus da prova, o qual é utilizado em caso de dúvida.[80]

Para todos os efeitos, opta-se pelo entendimento de que o ônus da prova é tanto regra de conduta quanto regra de julgamento, entendimento igualmente afirmado por Eduardo Cambi.[81] A questão deve ser tratada sob esta ótica, não se falando em ônus objetivo ou subjetivo, até porque o critério do ônus tido como subjetivo está objetivamente fixado no art. 333 do CPC, um verdadeiro contra-senso. Neste sentido são os ensinamentos de Teixeira Filho:

> A objetividade, assim, se relaciona à distribuição da carga da prova, feita por lei, e não à pessoa do Juiz: e em que pese essa participação legal do ônus tenha como destinatário os litigantes, nem por isso se pode afirmar que ele seja subjetivo.[82]

Ressalvado o entendimento de que o ônus é uno, sem distinção entre o aspecto subjetivo e objetivo, serve como conclusão as inteligíveis palavras de Ricardo Aronne:

> Modernamente, nossas legislações processuais, quanto aos princípios dispositivo e inquisitivo, são mistas, mantendo ônus subjetivo da prova, cabendo às partes provar o alegado, mas oferecendo meios para que o julgador não fique passivamente aguardando a produção de provas no

---

[79] MARINONI, op. cit., p. 270-271.
[80] Idem, op. cit., 272.
[81] Idem, op. cit., p. 317.
[82] TEIXEIRA FILHO, op. cit., p. 119.

processo, devendo esse, investigar, de forma a buscar seu convencimento, caso a prova carreada não seja suficiente.[83]

No processo civil dispositivo, não cabe prioritariamente ao juiz a função de trazer a prova aos autos. Assim, ao ônus de afirmar o fato, vem também ônus de provar as próprias alegações, sob pena de não considerá-las como verdadeiras.

O Código de Processo Civil contém um único dispositivo tratando da repartição do *onus probandi* (CPC, art. 333).[84] Tal norma está pautada no interesse de cada parte em reconhecer determinado fato como elemento propulsor do êxito na demanda, conforme a clássica teoria de Chiovenda. O referido autor afirma que a repartição do ônus da prova é uma razão de oportunidade, de justiça distributiva e de igualdade entre as partes. Assim, ao autor cabe o ônus de provar o fato constitutivo do seu direito, e ao réu cabe o ônus da exceção, vale dizer, de provar os fatos extintivos, impeditivos ou modificativos do direito pleiteado.

De plano, cabe ressaltar que nenhum fato é por si só constitutivo ou impeditivo, pois esta natureza depende do modo em que figurar no caso concreto. O pagamento, por exemplo, pode ser meio extintivo de obrigações, porém pode ser fato constitutivo do direito do embargante. Com notória objetividade, Alexandre Freitas Câmara assim define a regra do art. 333 do CPC:

---

[83] ARONNE, Ricardo. *Princípio do livre convencimento do juiz.* Porto Alegre: Sergio Antonio Fabris Editor, 1996, p. 30.

[84] Art. 333. O ônus da prova incumbe:
I – ao autor, quanto ao fato constitutivo do seu direito;
II – ao réu, quanto à existência de fato impeditivo, modificativo ou extintivo do direito do autor.
Parágrafo único. É nula a convenção que distribui de maneira diversa o ônus da prova quando:
I – recair sobre direito indisponível da parte;
II – tornar excessivamente difícil a uma parte o exercício do direito.

Pode, pois, dizer o seguinte: incumbe ao autor o ônus de provar o fato constitutivo de seu direito. O réu, por sua vez, poderá assumir dois ônus: o de provar a inexistência de tal fato (prova contrária ou contraprova), ou o de – admitindo o fato constitutivo do direito do demandante – provar os fatos extintivo, impeditivo ou modificativo do direito do autor.[85]

Fatos constitutivos são aqueles que constituem a relação jurídica de direito material, dão vida à vontade concreta da lei. É o fato específico de que decorre o efeito jurídico invocado pela parte, despido de todas as circunstâncias concomitantes que, embora sejam imprescindíveis para surtir as conseqüências jurídicas, não necessitam de prova pelo seu caráter de normalidade. O fato constitutivo tem o condão de gerar o direito postulado pelo autor, o qual, se demonstrado, leva à procedência da demanda. Ainda, o fato constitutivo transforma uma situação antecedente genérica de liberdade em situação jurídica especificamente relevante de direito.

Extintivos são os fatos contrários aos constitutivos, pois fazem cessar a vontade concreta da lei. O fato extintivo fulmina a pretensão do autor, faz cessar a relação jurídica, como, por exemplo, o pagamento, a remição, a prescrição e outros. O fato extintivo substitui uma situação especificamente relevante por uma situação de liberdade genérica, considerando o fato jurídico como "[...] o evento a que uma norma jurídica atribui um efeito jurídico [...]".[86] Então "Os fatos extintivos são os que fazem desaparecer um direito que se reconhece preexistiu (satisfação da pretensão, pagamento, prescrição, renúncia ou transação)".[87]

A ausência de determinadas circunstâncias, que devem concorrer com o fato constitutivo a fim de que este produza os efeitos que lhe são inerentes, representa a existência de um fato impeditivo, de conteúdo negativo. Ou

---

[85] CÂMARA, op. cit., p. 403.
[86] ARAÚJO CINTRA, op. cit., p. 21.
[87] ALMEIDA, op. cit., p. 390.

seja, o fato impeditivo obsta um ou alguns dos efeitos que normalmente decorrem da relação jurídica, ligados à noção dos requisitos genéricos para validade do ato, quais sejam, agente capaz, objeto lícito e forma prescrita ou não defesa em lei.

A inexistência do fato impeditivo é requisito genérico indispensável para a produção dos efeitos próprios. Como exemplo, tem-se que é ônus do réu a prova de que o agente de um contrato era um menor, relativamente incapaz; ou que o réu não está em mora porque sua prestação depende do autor. Assim, o fato impeditivo é a anomalia, a exceção, sendo que a lei utiliza expressões como "exceto", "salvo", "a não ser que", para fins de designar um fato impeditivo.

Por seu turno, o fato modificativo é aquele que tem o condão de alterar a relação jurídica. Demonstra a alteração do que foi expresso no pedido, como, por exemplo, o pagamento parcial e a novação. Ou ainda, o fato modificativo conduz de uma a outra situação jurídica especificamente relevante.

Necessário destacar que, conforme o art. 333 do CPC, enquanto o autor não provar os fatos que afirma, o réu não tem necessidade de provar coisa alguma. Tal afirmação é corroborada por Eduardo Cambi, o qual sustenta que o réu não tem nenhum ônus até que o autor demonstre o fato constitutivo.[88] Sendo assim, nada há de errado em dizer que ao réu é permitida uma conduta passiva, bastando negar os fatos do autor, pois se este deu início à ação, nada mais justo que demonstre, ainda que por verossimilhança, os fatos que fundamentam sua pretensão.

Enfim, parece razoável que a análise do ônus da prova no sistema processual brasileiro seja feita com base na teoria consagrada pelo CPC. Não obstante, existem algumas críticas e melhorias à teoria de Chiovenda, como ocorre na doutrina de Carnelutti e Betti, os quais criticam

---

[88] CAMBI, op. cit., p. 323.

o critério do interesse e optam pela idéia de risco e ônus da afirmação. A crítica reside no fato de as partes litigantes justamente terem interesses opostos na prova, ou seja, enquanto o autor terá interesse em provar a existência de certo fato, o réu terá interesse na prova da inexistência. Por isso se diz que o interesse na prova é bilateral.

Carnelutti sustenta o interesse na afirmação, que é unilateral, recaindo o ônus da prova da alegação àquele que tem interesse em alegar.[89] Reitera-se que, embora o réu tenha interesse em provar a inexistência dos fatos afirmados pelo autor, enquanto este não provar os fatos que alega, nenhum ônus recai sobre o réu, muito menos este se sujeita a qualquer risco pela ausência de provas. No mesmo sentido está a teoria proposta por Betti, que distingue o pedido judicial em ação e exceção. O ônus da ação pertence ao autor, que deve provar os fatos que fundamentam sua pretensão, ao passo que ao réu cabe o ônus da exceção, de afirmar e provar os fatos que consubstanciam a exceção.

Nesta mesma linha, segue a doutrina de Rosenberg, que considera os fatos como pressupostos da norma invocada. Assim, quem deduz uma pretensão em juízo invoca como suporte determinada regra jurídica, devendo fazer prova dos fatos que condicionam a aplicação desta norma. Já Micheli faz uma diferenciação, não tomando como referência a hipótese normativa abstrata, mas a hipótese normativa na forma como foi concretizada pela pretensão deduzida pela parte, vale dizer, o efeito jurídico que se propõe a obter no caso concreto.

Portanto, a solução do problema do *onus probandi* não é algo simples, uma vez que dificilmente se conseguirá defender um princípio geral rígido e inflexível. No entanto, a única norma processual que trata da questão é bastante clara: ao autor, cabe a prova dos fatos constitutivos do seu direito; e, ao réu, incumbe provar os fatos extintivos, im-

---

[89] CARNELUTTI, op. cit., p. 257.

peditivos ou modificativos. O ônus da prova está ligado ao ônus da afirmação, pois toda parte terá o ônus relativamente a todos os pressupostos que lhe são favoráveis.

O *onus probandi* reconduz ao problema da aplicação da lei, da subsunção do fato à norma, a qual determina os elementos constitutivos do direito evocado. A repartição do ônus da prova passa pela interpretação e aplicação sistemática das normas de direito substantivo.[90] Tanto que na Alemanha, embora não exista regra similar à do art. 333 do CPC, a idéia de distribuição do encargo probatório segue a mesma lógica, pois se a parte pretende ser beneficiada pelos efeitos de uma norma, deve provar os pressupostos fáticos para a sua aplicação.[91]

O que não se admite é confundir contraprova com fatos impeditivos, modificativos e extintivos. Há contraprova quando o réu contesta o fato constitutivo, para tanto requerendo a produção de prova em relação ao mesmo, diferente da situação do réu que não apenas contesta o fato constitutivo, mas afirma outro capaz de impedir os efeitos jurídicos pretendidos pelo autor. Nesta circunstância, não há que se falar em alteração da regra do ônus da prova, conforme brilhante lição de Marinoni:

> Perceba-se que não é pela razão de que ao autor incumbe o ônus da prova do fato constitutivo que o réu não poderá produzir prova em relação a ele. O réu tem o ônus de contestar de forma adequada e específica os fatos alegados na petição inicial, podendo requerer a produção de prova ou de contraprova, para demonstrar a inexistência do fato alegado pelo autor.[92]

A contraprova somente terá sentido após ter sido produzida a prova do fato constitutivo. Entretanto, o réu tem de fazer a escolha das provas a produzir e requerer a con-

---

[90] RANGEL, op. cit., p. 150.
[91] MARINONI, op. cit., p. 269.
[92] Idem, op. cit., p. 272.

traprova antes de saber se a prova do autor será admitida e realizada.

No tocante aos fatos negativos, restaram abandonadas as concepções antigas que afirmavam a impossibilidade da prova destes, conforme relata Arruda Alvim:

> Hodiernamente de forma pacífica, a afirmação de que fatos negativos não necessitam ser provados vem perdendo valor, uma vez que poderão, ou melhor, *deverão* ser provados, quando uma parte, negando o(s) afirmado(s) pela outra, a seu turno, fizer uma afirmação de fato (positivo), contrária e excludente do fato, por essa razão negado, caso em que o ônus da prova será bilateral. Somente os "fatos" *absolutamente* negativos, as negativas absolutas ou as indefinidas é que são insuscetíveis de prova, por quem as tenha feito; *aqui, o ônus é só de quem alegou o fato.*[93] [grifo do autor]

O fato negativo não dispensa prova, pois "A alegação negativa é geralmente a inversão de uma alegação afirmativa; pelo que a questão do ônus da prova não pode ficar sujeita à incerteza da formula".[94] Contudo, somente é passível de prova o fato negativo específico e determinado, sendo que a impossibilidade de provar o fato negativo indeterminado decorre da indeterminação do mesmo, e não por se tratar de fato negativo.

Em caso de dúvida acerca da distribuição do ônus da prova, deve ser sopesada a facilidade com que o litigante pode produzir a prova do seu interesse, bem como a dificuldade que essa mesma prova acarretaria se feita pela outra parte. Ou ainda, havendo fatos constitutivos e impeditivos, deve-se considerar que o ordinário se presume, o extraordinário se prova. De louvor a regra inserida no art. 342 do Código Civil Português (1966), o qual dispõe

---

[93] ALVIM, op. cit., p. 432-433.
[94] COSTA, Coqueijo. *Direito processual do trabalho.* Rio de Janeiro: Forense, 1996, p. 329.

que nos casos de dúvida, os fatos devem ser considerados como constitutivos do direito.[95]

2.2. O ônus da prova no processo do trabalho

A importância da análise realizada sobre o ônus da prova no processo civil se vislumbra a partir do entendimento de que a distribuição do encargo da prova no processo do trabalho adota o mesmo raciocínio. O Direito Processual do Trabalho possui regramento específico sobre o ônus da prova, nos termos do art. 818 da CLT.[96] De plano, portanto, se afasta a aplicação supletiva do processo comum (CLT, art. 769),[97] uma vez que ausente o requisito da omissão.

Entretanto, a jurisprudência trabalhista abstrai este óbice, consagrando, de forma pacífica, a aplicação complementar do art. 333 do CPC. Por estes motivos, a questão tornou-se relevante e controvertida no âmbito doutrinário. Aqueles que sustentam a aplicação subsidiária do processo civil, no tocante ao ônus da prova, o fazem por entender que a regra da CLT é incompleta e não permite a solução da questão. Sérgio Pinto Martins critica o art. 818 da CLT: "Se interpretássemos essa regra ao pé da letra, chegaríamos a situações inusitadas".[98] O renomado jurista conclui pela aplicação da regra do CPC, nos seguintes termos: "O CPC complementa, esclarece a CLT, apesar de que esta não contém omissão".[99]

---

[95] COSTA, op. cit., p. 329.

[96] Art. 818 – A prova das alegações incumbe à parte que as fizer.

[97] Art. 769 – Nos casos omissos, o direito processual comum será fonte subsidiária do direito processual do trabalho, exceto naquilo em que for incompatível com as normas deste Título.

[98] MARTINS, op. cit., p. 310.

[99] Idem, ibdem.

No mesmo sentido, porém mais contundente, é a crítica de Wagner Giglio: "A CLT apenas dispõe que 'a prova das alegações incumbe à parte que as fizer' (art. 818), numa das mais primitivas distribuições do ônus da prova, derivada do brocardo latino *ei incumbiti probatio qui dicit, non qui negat*"[100] [grifo do autor]. O autor em tela fundamenta sua crítica ao art. 818 da CLT, em razão de que toda afirmativa abriga, em seu bojo, uma negativa oposta, e vice-versa. Conclui que embora não haja omissão na legislação trabalhista, a jurisprudência aceita a aplicação do art. 333 do CPC, abstraindo a regra celetista devido a sua inconveniência.

Carrion também entende por aplicável a regra do processo civil, fundamentando que: "A regra de que o ônus pesa sobre quem alega é incompleta, simplista em excesso".[101] Igualmente sustenta Isis de Almeida: "No direito trabalhista, se o ônus da prova está em uma curtíssima disposição, suscetível, desde logo, de apelo ao CPC [...]".[102]

De outra banda, Teixeira Filho entende que a CLT possui dicção específica sobre matéria, desautorizando o uso supletivo do CPC por não se tratar de omissão. O referido autor vai além, sustentando que os critérios do art. 818 da CLT e do art. 333 do CPC são diferentes. Encontram-se argüições intermediárias, no sentido de que a regra do art. 333 do CPC seria aplicável em matéria de obrigações, ao passo que em matéria de fatos e atos jurídicos tanto autor quanto réu devem provar as respectivas alegações.

A conclusão que se extrai, como dito, é de que inaplicável o art. 333 do CPC, no processo do trabalho, haja vista não se tratar de omissão. Contudo, resta claro que o critério estabelecido pelo art. 818 da CLT é o mesmo utilizado no processo civil, qual seja, de que o ônus da prova é

---

[100] GIGLIO, op. cit., p. 207.

[101] CARRION, Valentin. *Comentários à consolidação das leis do trabalho.* 31.ed. atual. por Eduardo Carrion. São Paulo: Saraiva, 2006, p. 628.

[102] ALMEIDA, op. cit., p. 123.

distribuído conforme o interesse na afirmação. Do contrário, procederiam as inúmeras críticas ao art. 818 da CLT, o qual não resolveria a questão do *onus probandi* e, ainda pior, distribuiria o encargo probatório por critério formal, através do modo como as partes deduziriam suas questões em juízo. Este entendimento, de que a norma processual trabalhista segue a orientação adotada no processo civil, é corroborado pelo Tribunal Superior do Trabalho, como se pode notar da redação da Súmula n° 06, item VIII.[103]

---

[103] Súmula n° 6 EQUIPARAÇÃO SALARIAL. ART. 461 DA CLT (incorporação das Súmulas n°s 22, 68, 111, 120, 135 e 274 e das Orientações Jurisprudenciais n°s 252, 298 e 328 da SBDI-1) – Res. 129/2005, DJ 20, 22 e 25.04.2005

I – Para os fins previstos no § 2° do art. 461 da CLT, só é válido o quadro de pessoal organizado em carreira quando homologado pelo Ministério do Trabalho, excluindo-se, apenas, dessa exigência o quadro de carreira das entidades de direito público da administração direta, autárquica e fundacional aprovado por ato administrativo da autoridade competente. (ex-Súmula n° 06 – alterada pela Res. 104/2000, DJ 20.12.2000)

II – Para efeito de equiparação de salários em caso de trabalho igual, conta-se o tempo de serviço na função e não no emprego. (ex-Súmula n° 135 – RA 102/1982, DJ 11.10.1982 e DJ 15.10.1982)

III – A equiparação salarial só é possível se o empregado e o paradigma exercerem a mesma função, desempenhando as mesmas tarefas, não importando se os cargos têm, ou não, a mesma denominação. (ex-OJ da SBDI-1 n° 328 – DJ 09.12.2003)

IV – É desnecessário que, ao tempo da reclamação sobre equiparação salarial, reclamante e paradigma estejam a serviço do estabelecimento, desde que o pedido se relacione com situação pretérita. (ex-Súmula n° 22 – RA 57/1970, DO-GB 27.11.1970)

V – A cessão de empregados não exclui a equiparação salarial, embora exercida a função em órgão governamental estranho à cedente, se esta responde pelos salários do paradigma e do reclamante. (ex-Súmula n° 111 – RA 102/1980, DJ 25.09.1980)

VI – Presentes os pressupostos do art. 461 da CLT, é irrelevante a circunstância de que o desnível salarial tenha origem em decisão judicial que beneficiou o paradigma, exceto se decorrente de vantagem pessoal ou de tese jurídica superada pela jurisprudência de Corte Superior. (ex-Súmula n° 120 – alterada pela Res. 100/2000, DJ 20.09.2000)

Coaduna desta conclusão o professor José Augusto Rodrigues Pinto: "O tratamento dispensado pelo CPC/73 e pela CLT é idêntico em sua base, variando apenas pela maior ou menor explicitação".[104] E justifica tal afirmação dizendo que a CLT, ao falar que o ônus da prova cabe a quem alega, tem como "[...] subentendido lógico de que cada parte só alegará fatos que interessem ao reconhecimento de sua postulação".[105]

Neste sentido são os ensinamentos de Amador Paes de Almeida, o qual refere que o princípio inserido no art. 818 da CLT, se devidamente interpretado, leva à conclusão de que o autor deve provar os fatos constitutivos do seu direito, e o réu, os impeditivos, modificativos ou extintivos do direito do reclamante.[106] Portanto, tudo que até então foi dito sobre o ônus da prova no processo civil se aplica ao processo do trabalho.

No âmbito trabalhista, tem-se como exemplo de fatos constitutivos: da relação de emprego a pessoalidade, subordinação, remuneração; o trabalho em feriado; o despedimento, dependendo do contexto em que inserido; dentre

---

VII – Desde que atendidos os requisitos do art. 461 da CLT, é possível a equiparação salarial de trabalho intelectual, que pode ser avaliado por sua perfeição técnica, cuja aferição terá critérios objetivos. (ex-OJ da SBDI-1 nº 298 – DJ 11.08.2003)

VIII – É do empregador o ônus da prova do fato impeditivo, modificativo ou extintivo da equiparação salarial. (ex-Súmula nº 68 – RA 9/1977, DJ 11.02.1977)

IX – Na ação de equiparação salarial, a prescrição é parcial e só alcança as diferenças salariais vencidas no período de 5 (cinco) anos que precedeu o ajuizamento. (ex-Súmula nº 274 – alterada pela Res. 121/2003, DJ 21.11.2003)

X – O conceito de "mesma localidade" de que trata o art. 461 da CLT refere-se, em princípio, ao mesmo município, ou a municípios distintos que, comprovadamente, pertençam à mesma região metropolitana. (ex-OJ da SBDI-1 nº 252 – inserida em 13.03.2002)

[104] PINTO, op. cit., p. 460.

[105] Idem, ibdem.

[106] ALMEIDA, op. cit., p. 389-390.

outros. Como fato impeditivo, cita-se a falta grave do empregado nos casos de alegação de dispensa imotivada, ou, ainda, o trabalhador não ter se submetido ao concurso público no pleito de reconhecimento de vínculo com órgão público. Como fato modificativo, tem-se a alegação de compensação de jornada no pedido de horas extras, ao passo que será extintivo quando o réu sustentar o pagamento integral destas horas, mediante apresentação de recibos.

Neste exemplo, aliás, pode-se justamente distinguir a natureza jurídica dos fatos: a) o trabalho em jornada extraordinária é fato constitutivo; b) a compensação de jornada é fato impeditivo; c) o débito parcial das horas extras é fato modificativo, quando considerado em razão da compensação de jornada; e d) o pagamento integral das horas é fato extintivo.[107] Ainda como fato extintivo, pode-se considerar o cumprimento integral do contrato a termo, o pagamento integral das indenizações devidas, a rescisão paga e homologada pelo sindicato face ao pleito de verbas rescisórias, dentre outros.

No tocante à prova documental, aplicável supletivamente a disposição específica do CPC, expressa no art. 389 do referido Diploma.[108] Dessa forma, cabe o ônus da prova: a) da falsidade do documento quanto ao conteúdo a quem afirma a falsidade; e b) na impugnação da assinatura, a prova é de quem produziu o documento.

Como já demonstrado, o Direito do Trabalho é historicamente protetivo, utilizando premissas distintas do Direito Comum, atribuindo uma superioridade jurídica ao trabalhador para fins de compensar sua hipossuficiência. No campo processual, percebe-se a extensão dessa tutela, porém ressaltando que tal proteção decorre de lei e está

---

[107] ALMEIDA, op. cit., p. 117.

[108] Art. 389. Incumbe o ônus da prova quando: I – se tratar de falsidade de documento, à parte que a argüir; II – se tratar de contestação de assinatura, à parte que produziu o documento.

limitada aos casos de dúvidas quanto à interpretação da norma tutelar.

Adentrando especificamente no campo do direito probatório, no processo do trabalho, verifica-se mais uma série de facilidades atribuídas à atividade probatória do reclamante, desde a valorização do impulso oficial até a elaboração de presunções legais e judiciais, bem como a utilização freqüente das máximas de experiências e a formação do convencimento do juiz com base em verossimilhança. Oportuno repisar que através destas afirmações não se está negando a plausibilidade do tratamento diferenciado conferido ao trabalhador, visando à igualdade substancial, mas apenas justificando algumas limitações, principalmente no tocante à regulação do ônus da prova.

Dessa forma, não há que se falar em mitigação ou flexibilização da regra do ônus probatório para fins de proteger o trabalhador, uma vez que há um regramento específico e rígido da matéria, bem como o trabalhador hipossuficiente está amparado por um sistema, seja de direito material ou processual, visivelmente protetivo. Assim, não há que se estender tal proteção em se tratando dos critérios legais de distribuição do *onus probandi*.

Teixeira Filho cita exemplos em que a regra do CPC se distingue da regra da CLT. Cita o pedido de horas extras, em que o autor alega jornada extraordinária, e o réu contesta, sem produzir prova alguma. Sustenta que sob a égide do CPC a jornada excedente seria fato constitutivo do autor. Já sob a ótica da CLT, alega que se o réu contesta a pretensão do autor, atrai para si o *onus probandi*, uma vez que expendeu alegação relevante e substitutiva.[109]

Roga-se *venia* para discordar do eminente jurista, uma vez que, se as alegações incumbem às partes que as fizer, incumbe ao autor necessariamente fazer a prova das suas alegações para, posteriormente, exigir que o réu comprove

---

[109] TEIXEIRA FILHO, op. cit., p. 122-123.

as suas. Diante da regra do ônus probatório, seja a do CPC ou da CLT, é inegável que o ônus atribuído ao réu tem razão de ser a partir do momento em que provadas estão as alegações do autor, não antes disso. Se assim não fosse, a questão do ônus da prova se resolveria apenas pelo fato de o autor ter se manifestado anteriormente, ou seja, o reclamante seria beneficiado pelo simples motivo de ter sido o propulsor da ação e o primeiro a se manifestar.

Além do mais, na manifestação à contestação pelo autor, o mesmo irá trazer alegações opostas à contestação, o que, conforme a interpretação dada ao art. 818 da CLT teria o condão de alterar o ônus da prova. Se o autor rechaça os argumentos da contestação, formulando outros ou reiterando aqueles postos na inicial, caberá a este o ônus do prova, interpretação que, salvo melhor juízo, não alcança o sentido do art. 818 da CLT na sua plenitude.

Caso contrário, a tese levantada por Teixeira Filho suporia que sempre o ônus da prova será do réu, pois se ele contesta, atrai para si o ônus, enquanto se não contestar, sequer haverá controvérsia, excluindo-se a questão do objeto de prova. Tal situação é inaceitável, remetendo a teorias do passado sobre ônus da prova, como a teoria de Bethmann-Hollweg, atualmente superadas. O trabalhador deve e já dispõe de facilidades que visam a equilibrar uma relação desigual,[110] sendo inconcebível desvirtuar a regra posta do *onus probandi*, sob pena de fazer da Justiça do Trabalho um local onde o trabalhador tentaria a sorte, nada tendo a perder. Não é este o sentido da proteção.

No direito processual moderno, não se admitem posições extremas, como as ventiladas. Nos primórdios do Direito Romano, o ônus da prova cabia sempre ao autor, situação extrema que foi corretamente resolvida. A CLT, como compilação basilar do Direito Material e Processual

---

[110] Como o *ius postulandi*, isenção de custas, oralidade, simplicidade, dentre outros. É também no próprio direito material do trabalho, no qual há a imposição do ônus da documentação.

do Trabalho, confere louvável proteção ao trabalhador, através de suas normas expressas e a respectiva interpretação. Mas não será por este motivo que toda norma celetista deverá ser interpretada favorecendo o trabalhador de forma inconteste, principalmente no âmbito processual. No processo trabalhista, deve reger o princípio da igualdade das partes em matéria de ônus da prova.

O que existe e não se pode negar é que o empregador, que se propõe a desenvolver uma atividade econômica, se submete a algumas exigências legais e formalidades, cabendo ao Estado o dever de fiscalizar a regularidade das mesmas. Deste contexto decorre o ônus da documentação pelo empregador, haja vista a obrigação de manter arquivos, cuja conseqüência lógica é que determinados fatos são provados por determinados meios, embora esta afirmação não tem o condão de alterar a norma expressa do ônus da prova.

É o caso dos cartões-pontos. Existe uma obrigação legal do empregador em manter o registro de jornada, caso sua empresa possua dez ou mais empregados, conforme art. 74 da CLT. Esta regra em nada altera o critério de distribuição do encargo probatório. O que existe é um dever da empresa, se requerido pelo reclamante ou ordenado pelo juiz, de apresentar o registro de horário, sob pena de sanções pelo descumprimento (CPC, arts. 355 a 359).

A sanção é justamente se admitir como verdadeiros os fatos alegados, ou seja, consideram-se fatos provados, ainda que indiretamente, não havendo que se falar em alteração do ônus da prova. O princípio da obrigatoriedade de prova demonstra o interesse do Estado em esclarecer a verdade, permitindo ao juiz ordenar a apresentação de determinadas provas no processo, cuja omissão sofre sanções, especialmente a presunção contra aquele que foi omisso.

Não há que se falar na aplicação do princípio *in dubio pro misero* no contexto probatório. Neste sentido, é o entendimento de Teixeira Filho, pois, no caso de falta ou insuficiência de prova, o critério utilizado deve ser o ônus da prova.[111] Enfim, cita-se a brilhante conclusão de Isis de Almeida:

> Quando as provas são conclusivas sobre um fato; uma negando-lhe a existência e outra afirmando-a, decide-se: primeiro, pela prova mais coerente com outros fatos evidenciados nos autos; segundo, pela prova da espécie exigida em lei, ou que tiver precedência ou preferência, na doutrina ou na jurisprudência, para o fato em questão; finalmente, pela prova de quem tinha esse ônus, na litiscontestação.[112]

Conforme a distribuição do ônus da prova posta na legislação processual trabalhista em vigor, os fatos interessam de acordo com os efeitos jurídicos que podem produzir, quais sejam, constitutivo, modificativo, impeditivo e extintivo. É necessário que os operadores do direito dominem esta classificação com segurança, dada a importância na atividade instrutória, cuja inobservância importa em ilegalidade.

---

[111] TEIXEIRA FILHO, op. cit., p. 151-152.
[112] ALMEIDA, op. cit., p. 139.

3. A inversão do ônus da prova

Muito se tem debatido sobre a inversão do ônus da prova no processo trabalho, principalmente pela freqüente alusão deste instituto nas decisões dos Tribunais do Trabalho. Entretanto, as referências e aplicações destas regras são as mais diversas, denotando verdadeira imprecisão sobre o conceito e extensão deste princípio. Assim, pretende-se buscar uma definição e impor limites ao instituto da inversão do ônus da prova, com o rigor científico que a matéria exige.

Por critério meramente didático, a análise sobre a inversão do ônus da prova será realizada, inicialmente, no âmbito do processo civil para, posteriormente, adentrar no campo do Direito Processual do Trabalho. Contudo, reitera-se que, assim como ocorre quanto ao ônus da prova, todas as considerações sobre a inversão do *onus probandi* no processo civil se aplicam no âmbito processual trabalhista.

3.1. A inversão do ônus da prova no processo civil

O vocábulo "inversão" é oriundo do latim *inversione*, cujo significado na língua portuguesa é "[...] Ato ou efeito de inverter(-se); contraversão".[113] Inverter significa tornar contrário do que era, colocar às avessas, virar em sentido contrário ao natural. Ainda, a palavra "inverso" do latim *inversu*, significa aquilo que segue sentido contrário ao sentido ou ordem natural, é o oposto.[114]

No âmbito jurídico, de louvor o conceito proposto por Cândido Rangel Dinamarco: "São inversões do ônus da prova as alterações de regras legais sobre a distribuição deste, impostas ou autorizadas por lei".[115] Embora se entenda como completo o conceito acima referido, cumpre trazer à baila outras proposições encontradas na doutrina. Carnelutti, em linhas gerais, aborda este tópico:

> [...] no sentido de que às vezes a lei "põe o risco da prova que falta de um fato com ônus do demandado, inclusive se trata de um fato constitutivo, ou vice-versa, com ônus do autor, inclusive se trata de um fato extintivo ou de uma condição impeditiva" [...].[116]

Cabe destaque, no conceito formulado pelo renomado jurista, o fato de impor à lei o dever de atribuir o risco da prova, vale dizer, o ônus da prova ou a inversão do mesmo. Rui Manuel de Freitas Rangel define quando ocorre a inversão do ônus da prova:

> A inversão do ónus da prova ocorre quando não recai sobre a parte tradicionalmente onerada com a prova do facto o ónus de demonstrar, mas sobre a contraparte a quem incumbe o ónus de provar o facto contrário.[117]

Por último, cita-se o conceito proposto por Rita Marasco Ippólito Andrade:

---

[113] FERREIRA, op. cit., p. 871.

[114] Idem, ibidem.

[115] DINAMARCO, op. cit., p. 76.

[116] CARNELUTTI, op. cit., p. 257.

[117] RANGEL, op. cit., p. 182.

São inversões do ônus da prova as alterações de regras legais sobre a distribuição deste, impostas ou autorizadas por lei. O mesmo poder que legitima a edição de normas destinadas à distribuição do ônus da prova legitima também as exceções queridas ou permitidas pelo legislador.[118]

Diante dos elementos postos nestes conceitos, conclui-se que a inversão do ônus da prova é a aplicação da regra expressa sobre ônus da prova, no sentido contrário, inverso. Ou seja, ocorre a inversão do ônus da prova quando, originariamente, incumbir ao réu realizar a contraprova do fato constitutivo do direito do autor, ou, ainda, quando ao autor incumbir à contraprova do fato extintivo, impeditivo ou modificativo do direito postulado.

Ressalte-se a diferença entre inversão do ônus da prova e contraprova, pois esta apenas tem sentido e surte efeitos após realizada a prova pelo onerado, ao passo que a inversão do *onus probandi* justamente pressupõe que nada tenha sido provado. Em outras palavras, ao réu sempre caberá a contraprova do fato constitutivo do direito do autor, o que significa dizer que se o autor nada provar, desnecessária é a contraprova pelo réu, uma vez que este sequer foi onerado. De acordo com a regra do ônus da prova, enquanto o autor não provar suas alegações, nenhum ônus terá o réu, nem da contraprova, nem de provar fatos extintivos, impeditivos e modificativos eventualmente alegados.

Situação diversa ocorre quando da aplicação do instituto da inversão do ônus da prova. O efeito deste instituto é o de determinar, originariamente, o ônus da prova, leia-se contraprova, pelo réu do fato constitutivo do direito do autor, ou seja, independentemente do autor ter provado tal fato. Assim, quando invertido o ônus da prova, o réu terá o ônus de realizar a contraprova do fato constitutivo do direito do autor, mesmo se o autor nada tiver provado, sob

---

[118] ANDRADE, Rita Marasco Ippólito. *Direito probatório civil brasileiro.* – Pelotas: Educat, 2006, p. 62.

pena de lhe ser atribuída a responsabilidade pela ausência ou insuficiência de prova.

O elemento principal do instituto da inversão do ônus da prova é a atribuição de tal ônus à parte contrária daquela citada na lei, em um contexto de não estar provado aquele fato que cabia ao até então onerado. Este é o ponto crucial que dá margem às freqüentes distorções realizadas acerca do instituto ventilado. Não se trata de inversão do *onus probandi* a situação em que o autor comprova o fato constitutivo do seu direito, atribuindo ao réu o ônus de provar eventual fato extintivo, impeditivo ou modificativo, ou até mesmo o ônus da contraprova, uma vez que se trata de inequívoca aplicação normal da regra informada pelo art. 333 do CPC.

Outro equívoco, salvo melhor juízo, que constantemente ocorre é atribuir às presunções o efeito de inverter o ônus da prova. Primeiro, porque as presunções não têm o condão de dispensar a realização da prova, mas sim, de dispensar a prova do fato principal, restando necessária a prova do fato secundário por aquele que se beneficiará da presunção. Segundo, porque o efeito da presunção é o de considerar como provado o fato objeto de prova, o que significa dizer que o beneficiado por uma presunção cumpriu seu ônus da prova. Desincumbir-se do ônus da prova não guarda qualquer relação com a inversão do ônus da prova, e sim, afasta a aplicação das regras de distribuição do encargo probatório por não ser caso de ausência ou insuficiência de provas.

Corroborando com esta conclusão, têm-se os ensinamentos de Juan Montero Arouca:

> [...] Tampoco puede estimarse que las presunciones se basan en una inversíon de la cara (*sic*) de la prueba, pues las legales son simples

normas jurídicas, con el contenido que el legislador estima oportuno, y las judiciales atiendem a un cambio en el objeto de la prueba.[119]

O ônus da contraprova não representa hipótese de inversão do ônus da prova, pois na contraprova se pressupõe como realizada a prova principal pela parte onerada, cabendo a contraprova, pelo adversário, sobre os mesmos fatos.

Outro fator de grande relevância é a imposição legal, ou seja, a inversão do ônus da prova somente ocorre por lei ou em decorrência de autorização legal. Esta afirmação é corroborada pelos conceitos acima citados. A doutrina em regra afirma existirem três modos de inversão do ônus da prova, quais sejam, inversões legais, judiciais ou convencionais.

Inversões legais são determinadas por lei, em referência às presunções legais relativas. Com todo acatamento aos que defendem esta idéia, já se demonstrou que as presunções não representam hipótese de inversão do ônus da prova. O único dispositivo que trata de inversão do ônus da prova no ordenamento jurídico brasileiro em vigor é o art. 6º, inciso VIII, do Código de Defesa do Consumidor (CDC).[120] Porém, não se trata de inversão legal, mas inver-

---

[119] AROUCA, Juan Montero. *La prueba*. – Madrid: Consejo General del Poder Judiciario, 2000, p. 44.

[120] Art. 6º São direitos básicos do consumidor:

I – a proteção da vida, saúde e segurança contra os riscos provocados por práticas no fornecimento de produtos e serviços considerados perigosos ou nocivos;

II – a educação e divulgação sobre o consumo adequado dos produtos e serviços, asseguradas a liberdade de escolha e a igualdade nas contratações;

III – a informação adequada e clara sobre os diferentes produtos e serviços, com especificação correta de quantidade, características, composição, qualidade e preço, bem como sobre os riscos que apresentem;

IV – a proteção contra a publicidade enganosa e abusiva, métodos comerciais coercitivos ou desleais, bem como contra práticas e cláusulas abusivas ou impostas no fornecimento de produtos e serviços;

são judicial autorizada por lei. Portanto, atualmente não existem inversões legais do ônus da prova no ordenamento jurídico brasileiro.

Conforme entendimento de Arruda Alvim, uma ressalva feita à afirmação acima é o inciso II do art. 389 do CPC, pois cabe ao signatário a prova da assinatura cuja veracidade é contestada, situação que resultaria em hipótese de inversão legal das regras tradicionais do ônus da prova.[121] Com razão o entendimento exposto, embora limitado a uma questão incidental no processo, carecendo de maior relevância.

Como inversões judiciais, a doutrina processual faz referência às hipóteses das presunções judiciais, criadas nos julgamento dos juízes, ou por determinação direta do julgador fundado em autorização legal, como ocorre com a norma consumerista citada. Já se referiu que as presunções, sejam legais ou judiciais, não representam hipótese de inversão do ônus da prova. Decorrência lógica se refuta a possibilidade de inversão do ônus da prova com base nas máximas de experiência. Dessa forma, no direito proces-

V – a modificação das cláusulas contratuais que estabeleçam prestações desproporcionais ou sua revisão em razão de fatos supervenientes que as tornem excessivamente onerosas;

VI – a efetiva prevenção e reparação de danos patrimoniais e morais, individuais, coletivos e difusos;

VII – o acesso aos órgãos judiciários e administrativos com vistas à prevenção ou reparação de danos patrimoniais e morais, individuais, coletivos ou difusos, assegurada a proteção Jurídica, administrativa e técnica aos necessitados;

VIII – a facilitação da defesa de seus direitos, inclusive com a inversão do ônus da prova, a seu favor, no processo civil, quando, a critério do juiz, for verossímil a alegação ou quando for ele hipossuficiente, segundo as regras ordinárias de experiências;

IX – (Vetado);

X – a adequada e eficaz prestação dos serviços públicos em geral.

[121] ALVIM, op. cit., p. 442.

sual pátrio é possível a inversão judicial do ônus da prova quando aplicável o art. 6º, inciso VIII, do CDC.

A inversão do ônus da prova, pelo CDC, exige a presença de verossimilhança nas alegações ou que seja o consumidor hipossuficiente. Diante destes requisitos, há entendimentos no sentido de que tal inversão seria legal, *ope legis*, pois o papel do magistrado seria apenas o de verificar a presença dos requisitos impostos. Entretanto, a inversão do *onus probandi*, prevista no CDC, está inserida como elemento de facilitação da defesa dos direitos do consumidor, havendo a necessidade e a possibilidade dessa facilitação, cujos critérios serão verificados pelo julgador no caso concreto. Assim, trata-se de inversão judicial, pois não há obrigação legal do magistrado em inverter o ônus, sendo possível que a facilitação da defesa do consumidor ocorra por outros meios que não a inversão.

Por último, a doutrina referencia as inversões convencionais, aquelas que decorrem da vontade convergente das partes, fundada na regra contida no parágrafo único do art. 333 do CPC. Roga tal dispositivo que a inversão pode ser realizada de qualquer forma idônea, seja por instrumento público ou particular. Ainda, a convenção do *onus probandi* não é possível quando os direitos envolvidos forem indisponíveis ou quando a inversão cause dificuldade extrema aos interesses de uma das partes.

Assim, o instituto da inversão do ônus da prova no ordenamento jurídico pátrio ocorre por convenção das partes ou quando aplicado o art. 6º, inciso VIII, do CDC. Não há outra hipótese que autorize ou justifique a inversão do *onus probandi*, nem sequer a alegação de dificuldade na produção da prova por determinada parte. Como referência tem-se o Direito português, que não admite inversões do ônus da prova além daquelas que a própria lei acolhe e consagra.

Considerando que o direito processual moderno admite a prova de fatos negativos, quando específicos e determinados, impende analisar a inversão do ônus probatório nas ações declaratórias negativas. Nestas ações, há uma pretensão de declarar a inexistência de uma relação jurídica. Alguns doutrinadores entendem que é hipótese de inversão do ônus da prova, cabendo ao réu a prova do fato constitutivo e, ao autor, incumbe a prova do fato extintivo e impeditivo. Outros, porém, entendem não se tratar de inversão, pois cabe ao autor a prova da inexistência da relação jurídica deduzida em juízo.

A questão é bem elucidada por Alexandre Freitas Câmara, que antes de aderir a qualquer das correntes, sustenta que a questão dependerá das alegações do autor. Assim, se o autor fundar sua pretensão em fato extintivo ou impeditivo do direito do réu, cabe a ele a prova dos mesmos. É o que ocorre, por exemplo, no pedido de declaração de inexistência da obrigação, por ter sido paga a dívida. Porém, se o autor se limita a negar a existência do fato constitutivo, ocorre a inversão do ônus da prova, pois caberá ao réu demonstrar a existência do fato constitutivo do seu direito. Exemplo desta hipótese é o pedido de declaração de inexistência de uma obrigação, sob o fundamento de que esta jamais existiu, enquanto o demandado alega a existência da obrigação.[122]

Não obstante os fundamentos suscitados, o entendimento adotado neste estudo é de que as ações declaratórias negativas não representam hipótese de inversão do ônus da prova. Isto porque a natureza dos fatos que fundam a pretensão é verificada no caso concreto, a partir de circunstâncias específicas. Assim, o pagamento pode ser fato extintivo, como pode ser fato constitutivo, sendo exemplo desta última hipótese a alegação do mesmo em sede de embargos à execução. Em uma ação declaratória negativa com fundamento no correto pagamento da obrigação, tal

---

[122] CÂMARA, op. cit., p. 406.

alegação representa fato constitutivo do direito do autor, aplicando a regra ordinária do *onus probandi*.

Da mesma forma, em uma ação declaratória negativa fundada na alegação de que uma relação jamais existiu, cabe ao autor demonstrar elementos de que a relação não existiu, os quais são fatos constitutivos do seu direito. Isto porque os fatos negativos devem ser determinados, não cabendo afirmações indeterminadas como "nunca existiu". Deve o autor situar a inexistência da relação obrigacional no tempo e no espaço, reunindo elementos que corroborem para tais afirmações, os quais serão os fatos constitutivos da pretensão, cuja regra a ser aplicada é a ordinária sobre o ônus da prova. Ainda, parece razoável que, nestas situações, a convicção por verossimilhança baste.

A inversão do ônus da prova é um instituto dirigido às partes, como regra de conduta, atribuindo a quem não possui o ônus de provar. Por conseqüência, de grande importância é estabelecer o momento da inversão, haja vista a necessidade de oportunizar à parte que passou a ser onerada a produção da prova. Esta questão será abordada em capítulo próprio, a seguir.

Não se pretende, através das afirmações feitas, tão-somente justificar uma limitação ao poder do juiz através de previsões legais de conduta. Tanto que, no direito alemão, não existe uma norma dispondo sobre o ônus da prova, embora nos julgamentos se adote o mesmo critério utilizado pelo CPC. O direito processual moderno caminha no sentido de ampliar o poder do magistrado, o qual deve-se guiar pelo bom-senso e ideal de justiça no caso concreto, poder este que será controlado, e não limitado, pela motivação e racionalização dos argumentos utilizados.[123]

Entretanto, estes são ideais a serem buscados, desenvolvidos e adaptados no sistema processual brasileiro. Quem sabe um dia se poderão suprimir as regras sobre

---

[123] MARINONI, op. cit., p. 275.

ônus da prova e sua inversão no ordenamento pátrio, possibilidade esta de difícil ocorrência nos dias de hoje, principalmente em razão da jurisdição de massa, uma inegável realidade nacional. Portanto, o presente estudo analisa esta complexa questão do encargo da prova com base na realidade vivenciada e no ordenamento jurídico posto.

Por último, não se pode deixar de mencionar a denominada moderna teoria da distribuição dinâmica do ônus probatório. Esta teoria supõe que o julgador deve determinar os fatos a serem provados pelo autor e réu, conforme o caso concreto e com base nas máximas de experiência. Entende-se que não deveria existir prévia e abstrata fixação do encargo probatório, criticando o art. 333 do CPC por se preocupar com a posição das partes e espécie dos fatos em vez de utilizar o critério da tutela do direito lesado ou ameaçado.[124]

Utiliza-se a expressão dinâmica por refutar pressupostos estáticos, prévios e abstratos. Neste sistema, a distribuição do ônus da prova deve ocorrer antes da fase instrutória, seja na audiência preliminar ou no despacho saneador. A alteração do encargo probatório seria *ope iudicis*. Eduardo Cambi afirma que tal teoria não é novidade no sistema brasileiro, citando como exemplo a questão dos contratos bancários.[125]

Pelos motivos expostos ao longo deste estudo, refuta-se a teoria da carga dinâmica, ao menos na forma como concebida. Inicialmente, pela ausência de fundamento legal, uma vez que o sistema brasileiro adota o critério do interesse na afirmação. Ademais, tal teoria é de difícil visualização e até mesmo aplicação prática, pois pautada em ideais de solidariedade, colaboração e isonomia, porém conferindo poderes ilimitados aos julgadores, com grande

---

[124] DALL'AGNOL JUNIOR, Antônio Janyr. Distribuição dinâmica dos ônus probatórios. *Revista Jurídica*. Porto Alegre, n.280, p. 05-20, fev.2001. Mensal.

[125] CAMBI, op. cit., p. 344.

margem à arbitrariedade, relembrando antigas concepções sobre ônus da prova.

No tocante ao exemplo dos contratos bancários, entende-se que não ocorre a distribuição dinâmica do ônus probatório. Há, na verdade, uma relação que, via de regra, se configura como consumerista, com a autorização legal para a inversão do ônus da prova e facilitação da defesa do consumidor. Também, os bancos e as instituições financeiras possuem o ônus da documentação, com a responsabilidade de apresentar, se requerido, toda a documentação que envolva a relação obrigacional discutida, sob pena de se presumir como verdadeiros os fatos alegados pelo autor. Por fim, nesta hipótese, não há que se falar em fixação do ônus probatório conforme critério do magistrado, uma vez que pautada em prévia e abstrata regulamentação.

Assim, embora se reconheça que a regra do art. 333 do CPC não é perfeita e absoluta, conclui-se que o sistema adotado é justo e suficiente, inclusive por permitir um tratamento diferenciado para situações excepcionais, até mesmo com a inversão do ônus da prova, circunstâncias estas reguladas ou autorizadas por lei. Esses parâmetros, prévios e abstratos, respeitam os mais basilares princípios processuais, como a isonomia, ampla defesa, acesso à justiça, contraditório, dentre outros.

3.2. A inversão do ônus da prova no processo do trabalho

Os conceitos, elementos e demais afirmações feitas no capítulo anterior, sobre a inversão do ônus da prova, se aplicam no Direito Processual do Trabalho. Exceção existe no tocante à inversão com base na convenção das partes, uma vez que impossível no âmbito trabalhista, por se tratar de direitos indisponíveis. Ademais, cabe agora retratar situações específicas do processo trabalhista, de natureza individual, pois as questões envolvendo direitos coletivos, difusos e individuais homogêneos merecem análise própria.

Percebe-se que muito se fala, no processo do trabalho, em maior realce ao instituto da inversão do ônus da prova, em favor do empregado. Entretanto, a justificativa destas chamadas inversões seriam as presunções, situação já refutada anteriormente, pois não se trata de inversão da regra legal do *onus probandi*. Até mesmo se verificam menções no sentido de que a inversão probatória somente poderia ocorrer nos casos taxativamente estabelecidos em lei. Mas que casos são estes? Não existem.

O Direito Processual do Trabalho não possui norma processual que determine, ou sequer autorize, a inversão do ônus da prova. Não obstante, os fundamentos que os operadores do direito se socorrem para justificar uma possível inversão são as presunções, máximas de experiências e até mesmo a norma consumerista.

As presunções não alteram a regra normal de distribuição do encargo probatório. Continuará sendo do reclamante o ônus de provar o fato constitutivo, embora, nestas situações, pode ser resolvida a questão pela comprovação do fato secundário, do qual se deduz o fato principal. Comprovado o fato secundário, provado está o fato principal, cuja decorrência lógica é que o autor acabou por se desincumbir do seu *onus probandi*. Em nenhum momento a situação narrada tem o condão de atribuir um ônus da prova diferenciado ao demandado, uma vez que este permanecerá com o ônus da contraprova e o de provar os fatos extintivos, impeditivos ou modificativos do direito alegado pelo autor.

Mitigar ou interpretar de forma contrária as regras taxativas e preestabelecidas sobre o ônus da prova no processo do trabalho é infringir o sistema processual como um todo. Ocorre que esta situação, na prática, tem acontecido, como bem atenta Isis de Almeida:

> Acontece, não raro nos processos trabalhistas, que o juiz, excessivamente motivado pela tutela do direito substantivo ao hipossuficiente, interpreta as regras do onus probandi de forma um tanto arbitrária, que pode provocar um cerceio de defesa, que tem de ser denunciado.[126]

No tocante à aplicação subsidiária do CDC, para fins de inversão do ônus da prova, não procede tal argumentação, *maxima venia*. As normas do CDC são de aplicação específica para uma determinada relação, a de consumo, que não se confunde com a relação de trabalho (art. 3º, § 2º, da Lei 8.078/90). Como acontece em todas as relações, existem semelhanças entre a relação de consumo e a de trabalho, porém existem elementares diferenças, que garantem a autonomia de ambas. Além do mais, não se configura hipótese de omissão da CLT, pois esta dispôs especificamente das regras sobre ônus da prova.

O fato de o legislador não determinar ou autorizar a inversão do ônus da prova no processo do trabalho não significa haver omissão, mas uma opção legislativa. Como relembra José Augusto Rodrigues Pinto, no anteprojeto do Código Judiciário Trabalhista, de 1962, cuja autoria era do Ministro Russomano, a inversão do ônus da prova estava prevista expressamente e incondicional, no caso de simples negativa de despedida pelo empregador.[127] Assim, resta claro que a permissão ou determinação para a inversão do ônus da prova no processo do trabalho, em certas hipóteses, decorreria de lei. Em se tratando de regras de distribuição do *onus probandi*, quanto mais reduzido o arbítrio do juiz, melhor para o sistema, consagrando a necessária isenção e eqüidistância na contenda. Na legislação vigente, verifica-se a impossibilidade da inversão do ônus da prova no Direito Processual do Trabalho.

---

[126] ALMEIDA, op. cit., p. 130.
[127] PINTO, op. cit., p. 461.

Outra questão que passa batida nas discussões acerca da inversão do ônus da prova é a realidade brasileira dos que passam a ser onerados. Freqüentes justificativas para a inversão inconteste do ônus da prova no processo do trabalho é a necessidade de proteção do trabalhador. No entanto, esta afirmação não leva em consideração o lado oposto, vale dizer, que na maioria dos casos a inversão está onerando micro e pequenos empresários, que não possuem o poderio econômico que se generaliza como próprio dos empregadores.

No Brasil, a grande maioria das empresas são microempresas ou de pequeno porte, realidade esta que não deve ser ignorada. Sobrecarregar a qualquer custo o pequeno empresário gera injustiças e, até mesmo, a impossibilidade de manter uma empresa em funcionamento, situação que reflete negativamente para os trabalhadores do mercado brasileiro. A moderna Lei de Falências justamente demonstra um espírito de preservação do empreendimento, em razão dos benefícios que este propicia e reflete em toda a sociedade, inclusive para os trabalhadores. Este espírito deve ser sopesado na esfera trabalhista conjuntamente com a proteção do trabalhador, esta no sentido de proteção efetiva, e não uma proteção que funciona para uma parte da gama de trabalhadores, considerando os números do trabalho informal.

Cabe destacar que, com tais afirmações, não se está em defesa da classe patronal, mas trata-se da observação de uma realidade que não pode ser totalmente ignorada como acontece com alguma freqüência, principalmente em questões probatórias. A proteção do trabalhador não pode gerar uma situação processual cômoda ao reclamante, a ponto de transformar em praxe o fato de o mesmo socorrer-se da Justiça do Trabalho sempre que deixar um posto de trabalho, em prol de obter vantagens indevidas através da interpretação distorcida ou abusiva das regras processuais.

Definido o instituto da inversão do ônus probatório no Direito Processual do Trabalho, resta analisar os parâmetros estabelecidos face à prática dos Tribunais do Trabalho pátrios. Contudo, antecipa-se a conclusão de que as hipóteses aventadas como inversão do *onus probandi* não representam realmente tal instituto, nos moldes como foi apresentado neste trabalho.

Dentre as mais debatidas, tem-se a Súmula nº 338 do Tribunal Superior do Trabalho (TST),[128] que inverte o ônus da prova no caso de cartões pontos "britânicos". Os itens I e II da referida súmula retratam a previsão legal do art. 74, § 2º, da CLT. Correto se falar em ônus do registro, vale dizer, da documentação, cuja conseqüência é a presunção de veracidade dos fatos alegados, se determinada a apresentação dos cartões-pontos pelo juiz ou, ao menos, requerida pelo reclamante. Até então, não se falou em inversão do *onus probandi.*

O problema reside no item III da súmula ventilada, o qual prevê hipótese de inversão do ônus da prova. Entretanto, como demonstrado, o sistema processual trabalhista não permite a inversão judicial do ônus da prova, salvo se

---

[128] Súmula nº 338 JORNADA DE TRABALHO. REGISTRO. ÔNUS DA PROVA (incorporadas as Orientações Jurisprudenciais nºs 234 e 306 da SBDI-1) – Res. 129/2005, DJ 20, 22 e 25.04.2005.

I – É ônus do empregador que conta com mais de 10 (dez) empregados o registro da jornada de trabalho na forma do art. 74, § 2º, da CLT. A não-apresentação injustificada dos controles de freqüência gera presunção relativa de veracidade da jornada de trabalho, a qual pode ser elidida por prova em contrário. (ex-Súmula nº 338 – alterada pela Res. 121/2003, DJ 21.11.2003)

II – A presunção de veracidade da jornada de trabalho, ainda que prevista em instrumento normativo, pode ser elidida por prova em contrário. (ex-OJ nº 234 da SBDI-1 – inserida em 20.06.2001)

III – Os cartões de ponto que demonstram horários de entrada e saída uniformes são inválidos como meio de prova, invertendo-se o ônus da prova, relativo às horas extras, que passa a ser do empregador, prevalecendo a jornada da inicial se dele não se desincumbir. (ex-OJ nº 306 da SBDI-1- DJ 11.08.2003)

autorizado por lei, o que não é o caso. Portanto, trata-se de ilegal inversão do ônus da prova. Além do mais, esta hipótese difere dos itens anteriores, pois pressupõe que ocorreu a apresentação dos cartões-pontos, cumprindo o empregador com a obrigação de apresentar tais documentos, afastando a possibilidade de invocar a presunção legal prevista no CPC. A jornada extraordinária é fato constitutivo do direito do autor, não havendo que se falar em inversão do ônus da prova nestas hipóteses.

A Súmula n° 212 do TST[129] igualmente trata da questão do ônus probatório, porém não sendo hipótese de inversão do mesmo, haja vista se tratar de presunção. Ademais, a afirmação de que é ônus do empregador a prova do término do contrato de trabalho é relativa, pois dependerá da análise do caso concreto. Assim, serão ônus do empregador apenas os fatos cuja natureza em relação à pretensão deduzida seja como fato extintivo, impeditivo ou modificativo do direito. Ainda no tocante à Súmula n° 212 do TST cabe destacar que seu texto expresso é claro no sentido de constituir ônus do empregador apenas a prova do término do contrato de trabalho. Entretanto, na prática, tem-se distorções do teor da referida súmula para impor ao empregador o ônus de provar o vínculo jurídico existente com o trabalhador, quando negado o vínculo empregatício, mas admitida a prestação de serviços.

Em relação às Orientações Jurisprudenciais n°s 215 e 301, ambas da Subseção de Dissídios Individuais I do TST,[130] evidenciam-se como nítida aplicação da regra normal do ônus da prova (CLT, art. 818; CPC, art. 333).

---

[129] Súmula n° 212. DESPEDIMENTO. ÔNUS DA PROVA (mantida) – Res. 121/2003, DJ 19, 20 e 21.11.2003. O ônus de provar o término do contrato de trabalho, quando negados a prestação de serviço e o despedimento, é do empregador, pois o princípio da continuidade da relação de emprego constitui presunção favorável ao empregado.

[130] OJ N° 215. VALE-TRANSPORTE. ÔNUS DA PROVA. Inserida em 08.11.00. É do empregado o ônus de comprovar que satisfaz os requisitos indispensáveis à obtenção do vale-transporte. OJ N° 301. FGTS. DI-

No tocante aos acórdãos que tratam da inversão do ônus da prova, citam-se os julgados do Tribunal Regional do Trabalho da 4ª Região. O primeiro deles, da lavra de Francisco Rossal de Araújo, assim ementado:

> A rescisão indireta, prevista no art. 483 da CLT, caracteriza-se por ser a justa causa do empregador, possibilitando ao empregado pedir o pagamento das parcelas rescisórias, inclusive a indenização. É norteada pelos mesmos princípios da justa causa do empregado, ou seja, atualidade, proporcionalidade, "NON BIS IN IDEM" e nexo de causalidade. Em face da existência de princípios protetivos ao trabalhador, basta que este demonstre a inexecução faltosa do contrato para que o pedido da rescisão indireta seja acolhido, havendo inversão do ônus da prova quanto ao fato constitutivo da pretensão.[131]

Inverter o ônus da prova quanto ao fato constitutivo do direito pleiteado, cabendo a contraprova ao demandado configura nítido caso de inversão do *onus probandi*. Embora configurada a inversão na decisão referida, a mesma ocorreu de forma ilegal, uma vez que fundada no princípio protetivo, o qual não é aplicável em matéria de encargo probatório, conforme dito alhures. Outro precedente:

> HORAS EXTRAS. Frustrada a prova pré-constituída que os reclamados, por força de lei, estavam obrigados a produzir no tocante à jornada de trabalho, estabelece-se presunção favorável às alegações da inicial, com inversão do ônus da prova, na consonância, inclusive, do entendimento jurisprudencial assente na Súmula nº 338, inciso I, do TST.

FERENÇAS. ÔNUS DA PROVA. LEI Nº 8.036/90, ART. 17. DJ 11.08.03. Definido pelo reclamante o período no qual não houve depósito do FGTS, ou houve em valor inferior, alegada pela reclamada a inexistência de diferença nos recolhimentos de FGTS, atrai para si o ônus da prova, incumbindo-lhe, portanto, apresentar as guias respectivas, a fim de demonstrar o fato extintivo do direito do autor (art. 818 da CLT c/c art. 333, II, do CPC).

[131] RIO GRANDE DO SUL. Tribunal Regional do Trabalho da 4ª Região. Recurso Ordinário. Nº 00014-2006-010-04-00-2. Juiz-Relator Francisco Rossal de Araújo. Sendo recorrente Liliana Noemi Guzman de Santos e recorrido Tania Zair Pereira. In *Diário Oficial do Estado do RS – 19/12/2006*. Disponível em <http://www.trt4.gov.br>. Acesso 19 mar.2007.

Direito ao pagamento de horas extras que se reconhece, com base na jornada arbitrada pelo Juízo. Recurso ordinário que não merece provimento.[132]

Neste segundo caso, trata-se da hipótese de inversão do ônus da prova com base em presunção legal, situação inconcebível, uma vez que presunções legais não têm o condão de inverter a regra de distribuição do ônus da prova. Portanto, as alegações de inversão do ônus da prova realizadas na prática trabalhista decorrem da ausência de critérios científicos deste instituto, cujo esclarecimento foi a intenção deste estudo. Ainda, face à inexatidão com que a matéria é tratada na prática forense, oportuno tecer algumas considerações sobre o momento da fixação do ônus da prova no processo do trabalho.

---

[132] RIO GRANDE DO SUL. Tribunal Regional do Trabalho da 4ª Região. Recurso Ordinário. Nº 00426-2005-871-04-00-7. Juiz-Relator Hugo Carlos Scheuermann. Sendo recorrente Sucessão de Alzira Almeida Pinto e recorridos Alfredo Gomes Albrecht e Gilberto Almeida Pinto. In *Diário Oficial do Estado do RS – 18/12/2006*. Disponível em <http://www.trt4.gov.br>. Acesso 19 mar.2007.

4. Momento da fixação do ônus da prova no processo do trabalho

A matéria sobre ônus da prova, e também a sua inversão, é um tanto controversa, seja no âmbito doutrinário ou jurisprudencial. Não obstante, a distribuição do encargo probatório é questão vital no processo, como bem destaca Juliana Bracks Duarte:

> Dentro dessa realidade, importantíssima no processo é a distribuição do ônus da prova, para que as partes e, mais ainda, seus patronos, possam traçar os passos a serem seguidos, determinando o que, quando e por que alegar, dando início a um complicado e interessante jogo de xadrez.[133]

Assim como foram referenciados os principais elementos deste instituto ao longo do presente estudo, devidamente fundamentado, não se pode simplesmente ignorar entendimentos e fundamentos contrários, de grande louvor. Afinal, "As verdades são muitas e são umas contra as outras".[134] Deste modo, enquanto não há um consenso, ou pelo menos uma pacificação da questão debatida, é impor-

---

[133] DUARTE, Juliana Bracks. O ônus da prova do pedido de horas extras: são válidos os chamados controles "britânicos" de ponto? Justiça do Trabalho, Porto Alegre, n.232, p. 40-47, Abril. 2003. Mensal.

[134] RANGEL, op. cit., p. 369.

tante a adoção de procedimentos que minimizem os prejuízos às partes e evitem injustiças.

Neste sentido, sugere-se a fixação do ônus probatório pelo juiz, na audiência inicial trabalhista, evitando-se o elemento surpresa nos processos que tramitam perante a Justiça do Trabalho. A informação, pelo julgador, sobre o ônus da prova no caso em concreto, previamente ao início da instrução probatória, é uma sugestão que, antes de revestir-se de um robusto caráter decisório, deve ser sopesada como uma informação sobre os riscos da falta ou insuficiência de provas. No entanto, a parte que se sentir prejudicada nestas questões deve socorrer-se dos meios legais para rever tal situação.

A finalidade maior desta solução é a consagração dos princípios processuais constitucionais, como Contraditório, Ampla Defesa, Devido Processo Legal, dentre outros. O resultado é dar concretude à igualdade, mediante a paridade de "armas" e a possibilidade de alegação e prova. Em suma:

> O procedimento há de realizar-se em contraditório, cercando-se de todas as garantias necessárias para que as partes possam sustentar suas razões, produzir provas, influir sobre a formação do convencimento do juiz. E mais: para que esse procedimento, garantido pelo *devido processo legal*, legitime o exercício da função jurisdicional.[135] [grifo do autor]

O direito processual, como os demais ramos, está sujeito a princípios norteadores, que servem de orientação segura dos institutos que integram o campo de atuação da ciência. Os princípios devem servir de vetores orientativos para o intérprete, sendo que a Constituição Federal consagra aqueles princípios considerados como os mais importantes. A prévia fixação do ônus da prova cumpre com o

---

[135] ARAÚJO CINTRA, GRINOVER, DINAMARCO, op. cit., p. 90.

dever de igualdade e equilíbrio exigido no processo, necessidade referenciada por Alexandre Freitas Câmara:

> Já foi dito que o processo é um jogo. Que seja ao menos um jogo equilibrado, em que ambas as partes têm as mesmas chances de êxito, o que assegurará o sucesso a quem seja efetivamente titular de uma posição jurídica de vantagem.[136]

O Devido Processo Legal (CF, art. 5º, inciso LIV) é um dos mais importantes princípios processuais constitucionais, sendo os demais, como a Isonomia e o Contraditório, corolários daquele. O Devido Processo Legal é oriundo do direito inglês, no qual é conhecido como *Due Process of Law*. É uma garantia de pleno acesso à justiça, ou uma ordem jurídica justa, o que significa dizer que todos os titulares de posições jurídicas de vantagem possam ver prestada, de modo eficaz, a tutela jurisdicional.[137] A sociedade moderna exige do Estado um modelo mais democrático de estrutura do Poder Judiciário. Além do mais, do ponto de vista político, cada ato ou procedimento estatal, como o exercício da jurisdição, deve ser visto como um microcosmo do Estado Democrático de Direito.

Já o Princípio do Contraditório (CF, art. 5º, LV) é oriundo da regra de bilateralidade da audiência, fruto do Direito Romano Primitivo, determinando a atuação igualitária das partes em procedimentos administrativos e judiciais. Sob o ponto de vista jurídico, pode ser definido como "[...] a garantia de ciência bilateral dos atos e termos do processo com a conseqüente possibilidade de manifestação sobre os mesmos".[138] Ou seja, é representado pelo binômio informação e possibilidade de manifestação, atribuindo ao processo uma estrutura dialética.

A garantia do contraditório exige uma conduta ativa do juiz, como cita Eduardo Cambi:

---

[136] CÂMARA, op. cit., p. 41.
[137] Idem, op. cit., p. 34.
[138] CÂMARA, op. cit., p. 50.

[...] a garantia do contraditório exige estar o juiz atento e esclarecer as partes sobre os rumos da instrução, estimulando o diálogo entre os litigantes, inclusive com a recomendação de produzirem a prova indispensável para que possam obter a tutela jurisdicional favorável.[139]

Assim, ainda na audiência inicial, não obtido êxito na proposta conciliatória, deve o juiz fixar os pontos controvertidos, bem como alertar do ônus da prova de cada parte no caso particular, conforme art. 852-D da CLT, interpretado sistematicamente com o art. 451 do CPC, e conforme a ordem constitucional vigente. Wagner D. Giglio afirma a aplicação do art. 451 do CPC no processo do trabalho:

Na fase cognitiva, a apresentação da resposta em audiência impossibilita, nos processos trabalhistas, a existência de despacho saneador. Essa conclusão, assente na doutrina e na jurisprudência, sofreu alteração diante do Código de Processo Civil vigente, vez que o juiz, antes de iniciar a instrução processual, fixará os pontos litigiosos sobre os quais incidirão as provas, após ouvir as partes (art.451). Nada impede, antes tudo recomenda, no processo trabalhista, a aplicação desse dispositivo: as partes são necessariamente ouvidas na tentativa conciliatória e não há incompatibilidade com qualquer outra regra processual trabalhista; ao contrário, a pré-fixação da matéria que será objeto da controvérsia ordena melhor o procedimento e propicia maior celeridade processual, vedando provas inúteis e diligências desnecessárias à solução do litígio.[140]

A fixação prévia e concreta do ônus da prova também encontra guarida no Princípio da Motivação das Decisões (CF, art.93, inciso II; CPC, art. 458), que compreende o enunciado das escolhas do juiz. Através da motivação é que o juiz apresenta as normas individualmente aplicáveis, permitindo eventual impugnação às decisões. Ainda, tem-se o Princípio da Iniciativa das Partes, o qual indica que, para cada parte ter sucesso na demanda, deverá verificar, com antecedência, a conveniência de realizar ou não

---

[139] CAMBI, op. cit., p. 419.
[140] GIGLIO, op. cit., p. 206-207.

determinada prova.[141] Portanto, mais um motivo para a definição prévia do ônus da prova pelo magistrado.

De outra banda, já se ressaltou, neste trabalho, que as regras do ônus da prova estão ligadas ao direito material aventado, uma vez que cada uma das partes tem que provar os fatos que constituem os pressupostos das normas que lhe são favoráveis. Ocorre que o conhecimento do direito é função precípua do julgador, *iura novit curia*. Deste modo, deve o juiz determinar previamente o *onus probandi*, uma vez que tal regra somente pode ser estabelecida após a subsunção, ainda que sumária, pelo magistrado, das alegações das partes frente à norma aplicável, a ser realizada no início do processo. Como bem alega Danilo Knijnik, o fato não é mais independente do direito, nem se constrói em total abstração das categorias jurídicas.[142] Considerando a noção de que ônus é risco, leciona Isis de Almeida: "Ora, se há um risco, é preciso que se saiba quem está exposto à ele".[143]

No tocante à inversão do ônus da prova, embora tal instituto não tenha base legal para ser realizado no processo do trabalho, se ocorrer no caso concreto tal inversão, constitui um dever do magistrado informar a parte contrária do ônus que passou a lhe ser atribuído, na audiência inicial. Este dever adquire maior relevância a partir da ausência de previsão legal da inversão, pois esta, quando prevista na lei, como no CDC, dá conhecimento ao fornecedor da possibilidade de inversão naquele caso, o que não acontece no processo do trabalho. A intenção do CDC, no tocante à inversão, é facilitar a defesa do consumidor, e não lhe assegurar a vitória nem sacrificar o direito de defesa.

Ressalte-se que, no processo, deve ser evitada a surpresa, que importa em violação ao Devido Processo Legal,

---

[141] OLIVEIRA, Francisco Antônio de. *A prova no processo do trabalho*. 3.ed. rev., atual. e ampl. São Paulo: Revista dos Tribunais, 2004, p. 59.

[142] KNIJNIK, op. cit., p. 06.

[143] ALMEIDA, op. cit., p. 124.

Contraditório e à Ampla Defesa. Oportunas às palavras de Eduardo Cambi: "[...] o contraditório serve como uma garantia de investigação para que as partes não sejam surpreendidas por decisões sobre as quais não tiveram chances de se posicionar previamente".[144] Com muita propriedade, ressalta Marinoni:

> Mas, isso não retira a importância de que as partes saibam, de forma prévia, a quem incumbe o ônus da prova, pois se esse ônus não precisa ser necessariamente observado para que a parte obtenha um resultado favorável, não há como negar que a parte deve ter ciência prévia do que fazer para ter um julgamento favorável independentemente de outras provas, produzidas de ofício ou pela parte contrária.[145]

A prova é o coração do processo e guarda estreita relação com a efetividade da prestação jurisdicional, pelo que seu estudo jamais pode perder de vista a correlação com os princípios constitucionais. Violar um princípio é mais grave do que violar uma regra qualquer, pois não se trata de ofensa a uma determinação específica, mas a todo sistema de comandos. A não-observância de um princípio atenta contra o sistema na sua íntegra e sua estrutura base, subvertendo valores fundamentais. Dessa forma, deve ocorrer a fixação do ônus da prova, e eventual inversão, na audiência inicial trabalhista, sem a preclusão *pro iudicato*.

---

[144] CAMBI, op. cit., p. 275.
[145] MARINONI, op. cit., p. 271.

Conclusões

Diante das considerações formuladas ao longo deste trabalho, se pode, objetivamente, fixar as seguintes conclusões:

1. A expressão prova possui vários significados, sejam no âmbito comum, das ciências ou especificamente no Direito. Neste, a prova não pode ser vista apenas como mero resultado, mas também como atividade.

2. A noção de prova está ligada à busca da verdade. Ao passo que alcançar a verdade material é uma utopia, não se pode negar que o processo visa à verdade real, sob pena de valorização de falsas verdades. Entretanto, em concreto, é a verdade formal que vincula o julgador, tida como suficiente.

3. Se provam as alegações dos fatos, demonstrando ou não a sua veracidade, desde que controvertidos, relevantes e determinados. Os fatos negativos, quando singulares e determinados, podem e devem ser provados. Excepcionalmente, se prova o teor e a vigência do direito. Dispensam prova os fatos notórios, confessados, admitidos como incontroversos ou em cujo favor milita presunção legal de veracidade.

4. A presunção é prova indireta, resultado do raciocínio lógico pelo qual se inferem fatos desconhecidos de outros já conhecidos, estes denominados como indícios. O

indício é um dos elementos da presunção. Nas presunções judiciais é que atuam as máximas de experiência do julgador.

5. A formulação de presunções judiciais deve ser cautelosa e observar os seguintes requisitos: gravidade, precisão e concordância.

6. A parte beneficiada por uma presunção não está totalmente dispensada da prova, pois deve provar o fato secundário.

7. O sistema processual brasileiro é dispositivo, porém com grande valorização à iniciativa oficial, principalmente no processo trabalhista, uma vez que, de regra, envolve direitos indisponíveis.

8. As normas sobre ônus da prova são de natureza processual, cogente, imperativa, sendo que no processo do trabalho não pode haver a convenção sobre o *onus probandi*. Não obstante, tais normas sofrem a ingerência do direito material, uma vez que demandam a subsunção do fato à norma jurídica material. Esta situação é comum e não tem o condão de afastar a natureza jurídica de normas processuais, pois o processo, como os demais ramos, não se constrói sozinho.

9. A proteção existente no processo do trabalho decorre da legislação. Se esta, quando interpretada, suscitar dúvida no tocante ao alcance da norma, deve o intérprete socorrer-se dos parâmetros do *in dubio pro operario*, da norma mais favorável e da condição mais benéfica. Inviável questionar ou atenuar as normas sobre ônus da prova nem realizar a inversão deste ônus com base no princípio tutelar.

10. Ônus é encargo, faculdade, cuja omissão gera conseqüências para o próprio onerado. O ônus da prova é tanto regra de conduta quanto regra de julgamento.

11. A repartição do encargo probatório no sistema processual pátrio está pautada no critério do interesse na

afirmação. Assim, é do autor o ônus de provar os fatos constitutivos do seu direito, e do réu os fatos extintivos, impeditivos e modificativos (CPC, art. 333). Enquanto o autor nada tiver provado, nenhum ônus terá o réu.

12. A contraprova não deve ser confundida com fatos impeditivos, modificativos e extintivos. Há contraprova quando o réu contesta o fato constitutivo, requerendo prova em relação ao mesmo. Diferente é a situação do réu de não contestar o fato constitutivo, mas afirmar outro capaz de impedir os efeitos jurídicos pretendidos pelo autor. Esta questão não representa alteração do *onus probandi*.

13. O art. 333, do CPC, não se aplica no processo do trabalho, haja vista não existir omissão. Contudo, o critério estabelecido pelo art. 818, da CLT, é o mesmo do utilizado no processo civil, qual seja, de que o ônus da prova é distribuído conforme o interesse na afirmação.

14. A discussão sobre o ônus da prova é questão de direito, pois baseada na tipicidade hipotética abstratamente formulada.

15. No Direito Processual do Trabalho, a distribuição do ônus da prova roga que os fatos interessam de acordo com os efeitos jurídicos que podem produzir, quais sejam, constitutivo, modificativo, impeditivo e extintivo. Há imperiosa necessidade de que os operadores do direito dominem esta classificação.

16. Ocorre a inversão do ônus da prova quando, originariamente, incumbir ao réu realizar a contraprova do fato constitutivo do direito do autor, ou, ainda, quando ao autor incumbir à contraprova do fato extintivo, impeditivo ou modificativo do direito postulado.

17. Existe vital diferença entre inversão do ônus da prova e contraprova, pois esta apenas surte efeitos após realizada a prova pelo onerado, ao passo que a inversão do *onus probandi* justamente pressupõe que nada tenha sido provado. De acordo com a regra do ônus da prova, enquan-

to o autor não provar suas alegações, nenhum ônus terá o réu, nem da contraprova, nem de provar fatos extintivos, impeditivos e modificativos eventualmente alegados.

18. As presunções não representam hipótese de inversão do ônus da prova, pois não têm o condão de dispensar a realização da prova, bem como o resultado da presunção é o de considerar como provado o fato objeto de prova, o que significa dizer que o beneficiado por uma presunção cumpriu seu *onus probandi*.

19. A inversão do ônus da prova somente ocorre por lei ou em decorrência de autorização legal. Concretamente, o instituto da inversão do ônus da prova no ordenamento jurídico pátrio ocorre por convenção das partes ou quando aplicado o art. 6º, inciso VIII, do CDC, sendo esta hipótese de inversão judicial.

20. Nas ações declaratórias negativas, não ocorre a inversão do ônus da prova, eis que a natureza dos fatos que fundam a pretensão é verificada no caso concreto, a partir de circunstâncias específicas

21. O Direito Processual do Trabalho não possui norma processual que determine, ou sequer autorize, a inversão do ônus da prova. Também não se aceita a convenção do ônus da prova no âmbito trabalhista.

22. Com freqüência os operadores do Direito do Trabalho, para justificar uma possível inversão do *onus probandi*, se socorrem das presunções, máximas de experiências e da norma consumerista. As presunções e máximas de experiência não representam hipóteses de inversão do ônus da prova. No tocante a aplicação subsidiária do CDC, não procede tal argumentação, pois a CLT dispôs especificamente das normas sobre o ônus da prova.

23. Quanto melhor apuradas as regras sobre ônus da prova, mais próximo se estará da realização da verdade e da justiça.

24. A fixação, pelo juiz, do ônus da prova, e eventual inversão, deve ser realizada na audiência inicial, caso rejeitada a proposta conciliatória, sob pena de violação aos princípios constitucionais processuais.

Em que pese no Direito não existir apenas uma única resposta correta, neste trabalho se buscou solidificar algumas questões vitais sobre o ônus da prova e sua inversão, principalmente no Direito Processual do Trabalho, cujo debate e aprimoramento deve ser constante.

Obras consultadas

ALMEIDA, Amador Paes de. *CLT Comentada: Legislação, Doutrina, Jurisprudência.* 3.ed. rev. e atual. – São Paulo: Saraiva, 2005.

ALMEIDA, Isis de. *Manual de direito processual do trabalho.* 10.ed. atual. e ampl. – São Paulo: LTr, 2002.

ALVIM, Arruda. *Manual de direito processual civil, volume 2: processo de conhecimento.* 10.ed., rev., atual. e ampl. – São Paulo: Editora Revista dos Tribunais, 2006.

ANDRADE, Rita Marasco Ippólito. *Direito probatório civil brasileiro.* – Pelotas: Educat, 2006.

ARAÚJO CINTRA, Antônio Carlos de. *Comentários ao código de processo civil, vol. IV: arts. 332 a 475.* – Rio de Janeiro: Forense, 2003.

ARAÚJO CINTRA, Antônio Carlos de; GRINOVER, Ada Pellegrini; DINAMARCO, Cândido Rangel. *Teoria Geral do Processo.* 22.ed., rev. e atual.- São Paulo: Malheiros Editores, 2006.

ARONNE, Ricardo. *Princípio do livre convencimento do juiz.* – Porto Alegre: Sergio Antônio Fabris Editor, 1996.

AROUCA, Juan Montero. *La prueba.* – Madrid: Consejo General del Poder Judiciario, 2000.

ÀVILA, Humberto Bergmann. *Teoria dos princípios: da definição à aplicação dos princípios jurídicos.* 5.ed., rev.e ampl. – São Paulo: Malheiros, 2006.

BARROS, Alice Monteiro de. (coordenadora) [*et al.*]. *Compêndio de direito processual do trabalho.* – São Paulo: LTr, 1998.

BENTHAM, Jeremías. *Tratado de las pruebas judiciales.* Trad. Manuel Ossorio Florit – Buenos Aires: EJEA, 1971.

CÂMARA, Alexandre Freitas. *Lições de direito processual civil. V. I.* 12.ed., rev. e atual. – Rio de Janeiro: Editora Lúmen Júris, 2005.

CAMBI, Eduardo. *A prova civil: admissibilidade e relevância.* – São Paulo: Editora Revista dos Tribunais, 2006.

CARDOSO, Luciane. *Prova testemunhal.* – São Paulo: LTr, 2001.

CARNELUTTI, Francesco. *A prova civil.* 4.ed. – Campinas: Bookseller, 2005.

CARRION, Valentin. *Comentários à consolidação das leis do trabalho.* 31.ed. atual. por Eduardo Carrion – São Paulo: Saraiva, 2006.

CHIOVENDA, Giuseppe. *Instituições de direito processual civil v.1.* 3.ed. – São Paulo: Edição Saraiva, 1969.

COSTA, Coqueijo. *Direito processual do trabalho.* – Rio de Janeiro: Ed. Forense, 1996.

DALL'AGNOL JUNIOR, Antônio Janyr. Distribuição dinâmica dos ônus probatórios. Revista Jurídica. Porto Alegre, n.280, p.05-20, fev.2001. Mensal.

DINAMARCO, Cândido Rangel. *Instituições de Direito Processual Civil – v.3.* 5.ed., rev. e atual. – São Paulo: Malheiros, 2005.

DUARTE, Juliana Bracks. O ônus da prova do pedido de horas extras: são válidos os chamados controles "britânicos" de ponto? Justiça do Trabalho, Porto Alegre, n.232, p.40-47, Abril. 2003. Mensal.

FERREIRA, Aurélio Buarque de Holanda. *Novo dicionário da língua portuguesa.* – Rio de Janeiro: Editora Nova Fronteira, 1975.

FUX, Luiz. *Curso de direito processual civil.* Rio de Janeiro: Forense, 2005.

GÍGLIO, Wagner D. *Direito processual do trabalho.* 14.ed., rev. e atual.- São Paulo: Saraiva, 2005.

KNIJNIK, Danilo. *A prova nos juízos cível, penal e tributário.* – Rio de Janeiro: Forense, 2007.

LOPES, João Batista. *A prova no direito processual civil.* 2.ed., rev., atual. e ampl. – São Paulo: Editora Revista dos Tribunais, 2002.

MACHADO JUNIOR, César Pereira da Silva. *O ônus da prova no processo do trabalho.* – 3.ed. rev. e atual. – São Paulo: LTr, 2001.

MARINONI, Luiz Guilherme. *Manual do processo de conhecimento.* 5.ed., rev., atual. e ampl. – São Paulo: Editora Revista dos Tribunais, 2006.

MARTINS, Sérgio Pinto. Direito processual do trabalho: doutrina e prática forense; modelos de petições, recursos, sentenças e outros. 25.ed. – São Paulo: Atlas, 2006.

MICHELI, Gian Antonio. *La carga de la prueba.* – Buenos Aires: EJEA, 1961.

NASCIMENTO, Amauri Mascaro. *Curso de direito processual do trabalho.* 21.ed. atual. – São Paulo: Saraiva, 2002.

OLIVEIRA, Francisco Antônio de. *A prova no processo do trabalho.* 3.ed. rev., atual. e ampl. – São Paulo: Editora Revista dos Tribunais, 2004.

_____. *Manual de processo do trabalho.* 3.ed. rev. atual. e ampl. – São Paulo: Editora Revista dos Tribunais, 2005.

PAULA, Carlos Alberto Reis de. A especificidade do ônus da prova no processo do trabalho. – São Paulo: LTr, 2001.

PINTO, José Augusto Rodrigues. *Processo trabalhista de conhecimento.* 7.ed. – São Paulo: LTr, 2005.

PLÁ RODRIGUEZ, Américo. *Princípios de direito do trabalho.* trad. de Wagner D. Giglio – São Paulo: LTr; Ed. da Universidade de São Paulo, 1978.

RANGEL, Rui Manuel de Freitas. *O ônus da prova no processo civil.* 2.ed. rev. ampl. e atual. – Coimbra: Livraria Almedina, 2002.

ROSENBERG, Leo. *Carga de la prueba.* Trad. Ernesto Krotoschin. – Buenos Aires: EJEA, 1956.

SANTOS, Sandra Aparecida Sá dos. *A inversão do ônus da prova: como garantia constitucional do devido processo legal*. 2.ed. ver., atual. e ampl. – São Paulo: Editora Revista dos Tribunais, 2006.

SILVA, Ovídio A. Baptista da. *Curso de processo civil, volume 1: processo de conhecimento*. 7.ed. rev. e atual. – Rio de Janeiro: Forense, 2005.

SÜSSEKIND, Arnaldo... [et al.]. *Instituições de direito do trabalho, volume II*. 22.ed. atual. por Arnaldo Sussekind e João de Lima Teixeira Filho. – São Paulo: LTr, 2005.

TEIXEIRA FILHO, Manoel Antônio. *A prova no processo do trabalho*. 8.ed., rev. e ampl. – São Paulo: LTr, 2003.

TESHEINER, José Maria Rosa. *Elementos para uma teoria geral do processo*. – São Paulo: Saraiva, 1993.

WAMBIER, Luiz Rodrigues (coordenação); ALMEIDA, Flávio R. Correia de.; TALAMINI, Eduardo. *Curso avançado de processo civil*. 3.ed. rev., atual. e ampl., 3.tir. – São Paulo: Editora Revista dos Tribunais, 2001.

Impressão:
Evangraf
Rua Waldomiro Schapke, 77 - P. Alegre, RS
Fone: (51) 3336.2466 - Fax: (51) 3336.0422
E-mail: evangraf.adm@terra.com.br